Plate I

Plate II

Plate III

29

33

Plate IV

Plate V

49

Plate VI

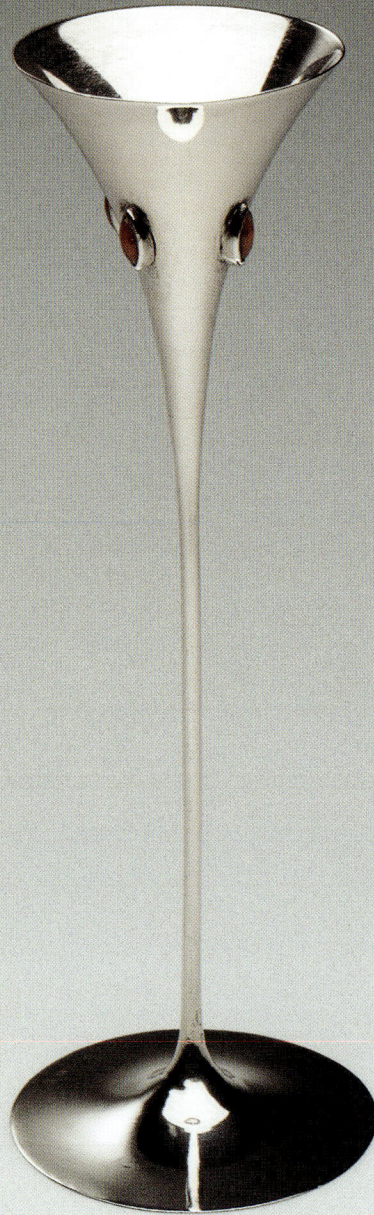

50

Plate VII

57

Plate VIII

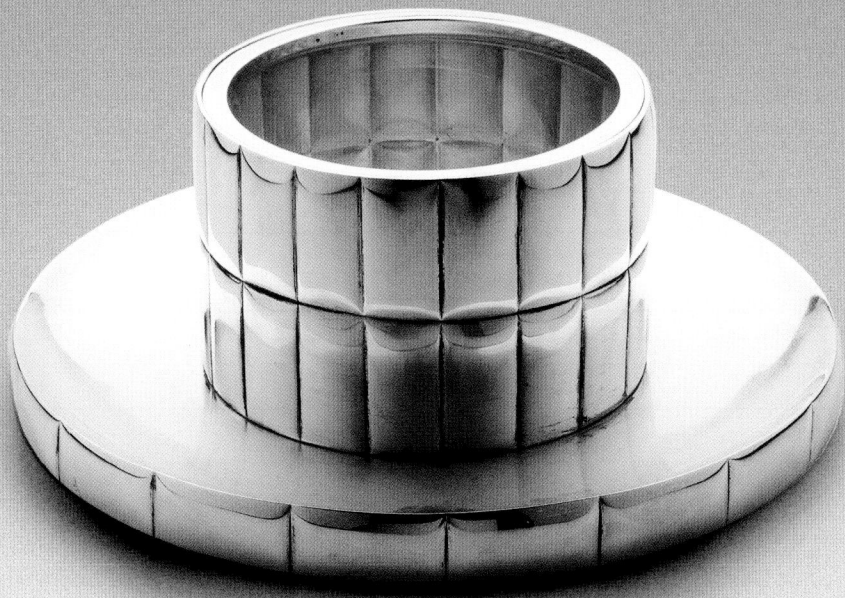

Plate IX

Plate X

Plate XI

Plate XII

87

Plate XIII

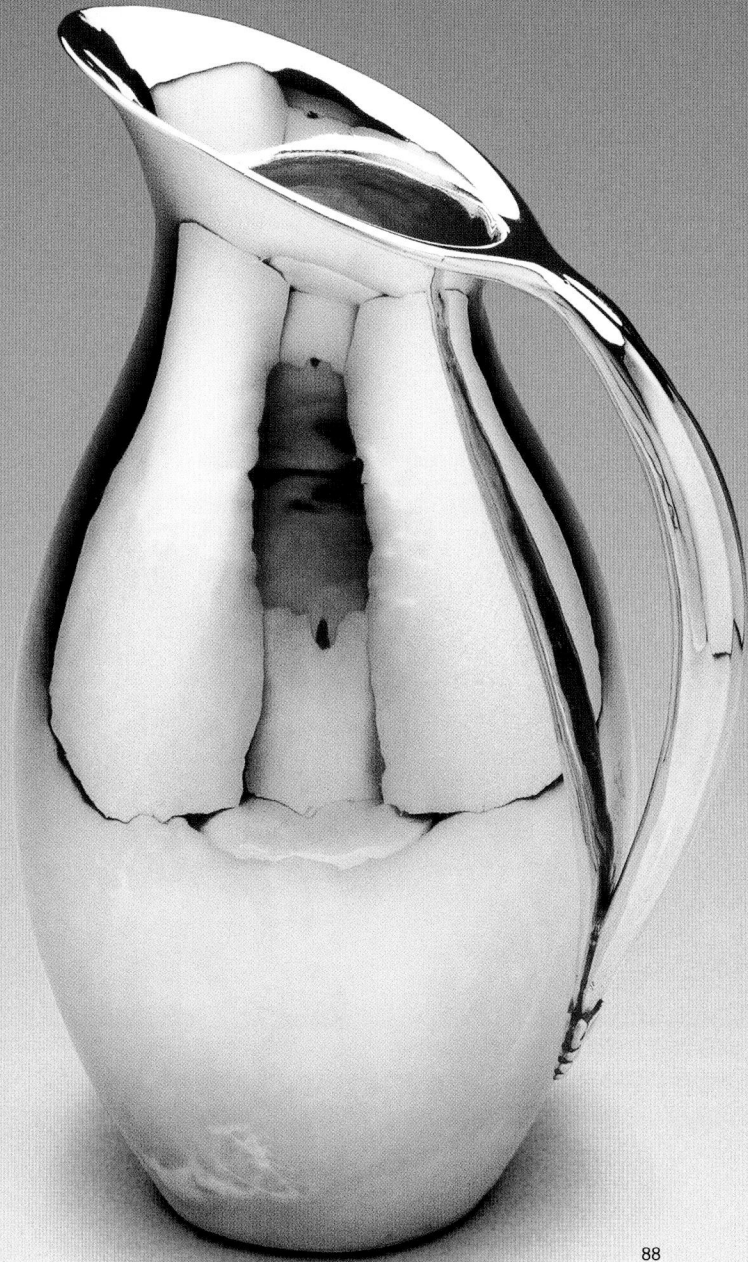

88

Plate XIV

Plate XV

103

Plate XVI

100

Annelies Krekel-Aalberse

Zilver Silver Silber

1880–1940

ART NOUVEAU

ART DÉCO

ARNOLDSCHE

Layout
Silke Nalbach typografik, Angela Sauer, Stuttgart

Offset Reproductions
mbverlag, Stuttgart

German Translation
Jürgen Eickhoff, München

Printing
Rung-Druck, Göppingen

This book is printed on 100% clorine bleach-free paper in conformity with TCF standards.

Die Deutsche Bibliothek – CIP-Einheitsaufnahme

Ein Titeldatensatz für diese Publikation ist bei der Deutschen Bibliothek erhältlich
ISBN 3-89790-161-7

Made in Europe, 2001

Photo Credits
All photographs by Tom Haartsen, Ouderkerk a/d Amstel

Sources
p. 14, fig. 1: *A. Bourdon et Wolfers Frères*, Ghent
p. 15, fig. 2: *Dekorative Kunst*, XIII, p. 280
p. 15, fig. 3: *The Studio*, 1898, Vol. 15, No. 68, p.111
p. 28, fig. 5: Jacob Prytz 12 Juni 1886–1956, p. 24
p. 28, fig. 6: *Deutschlands Raumkunst und Kunstgewerbe auf der Weltausstellung Brüssel*, 1910, Stuttgart [no date], p.115
p. 39, fig. 11: After an original photograph

INHOUD

CONTENT

INHALT

VOORWOORD

De kunstnijverheid uit de periode 1880–1940 kan zich de laatste jaren in een steeds maar groter wordende belangstelling verheugen, zowel in Nederland als daarbuiten. De interesse voor de kunst van rond 1900 hangt wellicht samen met het naderen van een Nieuwe Eeuw die voor de twintigste-eeuwse mens het negentiende-eeuwse verlangen naar een Nieuwe Kunst weer voel- en tastbaar heeft gemaakt. Musea in binnen- en buitenland organiseren tentoonstellingen met deze periode als onderwerp, waarbij veelal sprake is van grensoverschrijdende samenwerking.

Op het gebied van de edelsmeedkunst bijvoorbeeld organiseerde het Rotterdamse Museum Boymans-van Beuningen in 1982 samen met het Gemeentemuseum Arnhem en het Duitse Karel Ernst Osthaus Museum te Hagen een tentoonstelling over de Nederlandse edelsmid Frans Zwollo sr (1872–1945). De Duitse deelname was te danken aan het feit dat Zwollo tussen 1910 en 1914 de leiding had over een van de ateliers die door Osthaus waren opgezet. Toen het plan ontstond om in 1996 een tentoonstelling te wijden aan de edelsmid en sierkunstenaar Jan Eisenloeffel (1876–1957) was het niet meer dan vanzelfsprekend dat deze tentoonstelling over een internationaal bekende Nederlandse ontwerper ook in het buitenland te zien zou zijn. Een kleine veertig jaar na zijn overlijden, was in Het Singer Museum te Laren, het Drents Museum Assen, het Museum voor Sierkunst en Vormgeving in Gent, Die Neue Sammlung te München en in het Kreismuseum te Zons alle aandacht op Eisenloeffel gericht.

Afgezien van deze monografische tentoonstellingen, vonden ook exposities plaats die zich op een bepaalde stroming, een bepaald materiaal of zelfs de gehele periode richtten. De meest recente, groots opgezette tentoonstelling die aan de inter-

FOREWORD

Art objects produced between 1880 and 1940 have grown increasingly popular in recent years and not only in the Netherlands. This resurgence of interest in the art of 1900 may be well be due to the approach of a new century. Twentieth-century connoisseurs have evidently been able to appreciate the 19th-century striving for aesthetic renewal in all the arts. Museums in the Netherlands and abroad are mounting exhibitions – for the most part joint efforts fostered in a spirit of international co-operation – focussing on this period.

In 1982 the Museum Boymans-van Beuningen in Rotterdam, for instance, joined the Gemeentemuseum Arnhem and the Karl Ernst Osthaus Museum in Hagen, Germany, in organizing an exhibition on the Dutch silversmith Frans Zwollo sr (1872–1945). German participation in the exhibition was owed to the circumstance that Zwollo was Director between 1910 and 1914 of the studio founded by Osthaus. When an exhibition devoted to the work of the gold and silversmith Jan Eisenloeffel (1876–1957) was planned for 1996, it went without saying that an exhibition dealing with an internationally known designer would be shown abroad as well as in the Netherlands. Barely forty years after his death, the Eisenloeffel exhibition was shown in the Netherlands at Het Singer Museum in Laren, at the Drents Museum in Assen, in Belgium at the Museum voor Sierkunst en Vormgeving in Ghent and in Germany in the Neue Sammlung in Munich and the Kreismuseum in Zons.

Apart from this survey of one designer's work, there have, of course been other exhibitions in the past few years which have concentrated on a particular current in design, a material or on

VORWORT

Das Kunstgewerbe zwischen 1880 und 1940 erfreut sich in den letzten Jahren, nicht nur in den Niederlanden, einer immer größer werdenden Beliebtheit. Möglicherweise hängt dieses Interesse für die Kunst um 1900 mit dem Herannahen eines neuen Jahrhunderts zusammen. Für den Menschen des 20. Jahrhunderts wird dadurch das Verlangen des 19. Jahrhunderts nach einer Erneuerung der Kunst nachvollziehbar. Museen im In- und Ausland zeigen Ausstellungen – vielfach in grenzüberschreitender Zusammenarbeit – die diese Epoche zum Gegenstand haben.

Auf dem Gebiet der Silberschmiedekunst organisierte beispielsweise das Rotterdamer Museum Boymans-van Beuningen 1982 zusammen mit dem Gemeentemuseum Arnheim und dem deutschen Karl Ernst Osthaus-Museum in Hagen eine Ausstellung über den niederländischen Silberschmied Frans Zwollo sr (1872–1945). Die deutsche Teilnahme verdanken wir der Tatsache, daß Zwollo zwischen 1910 und 1914 die Leitung der von Osthaus gegründeten Ateliers innehatte. Als im Jahre 1996 der Plan entstand, dem Gold- und Silberschmied Jan Eisenloeffel (1876–1957) eine Ausstellung zu widmen, war es nur selbstverständlich, daß diese Ausstellung über einen international bekannten Gestalter auch im Ausland gezeigt werden sollte. Knapp vierzig Jahre nach seinem Tod war im Het Singer Museum in Laren, im Drents Museum in Assen, im Museum voor Sierkunst en Vormgeving in Gent, in der Neuen Sammlung in München und im Kreismuseum in Zons alle Aufmerksamkeit auf Eisenloeffel gerichtet.

Abgesehen von dieser monographischen Schau fanden auch Ausstellungen statt, die sich auf eine bestimmte Strömung, ein bestimmtes Material oder selbst auf eine ganze Epoche konzentrierten.

nationale Art Nouveau was gewijd, is *Art Nouveau 1890–1914* die in 2000 in het Londense Victoria and Albert Museum plaatsvond. Een tentoonstelling waarbij de internationale edelsmeedkunst uit de periode 1880–1940 centraal stond, was *Silver of a New Era*. Deze tentoonstelling was in 1992 zowel in het Rotterdamse Museum Boymans-van Beuningen te zien als in het Museum voor Sierkunst te Gent.

Deze tentoonstellingen, die slechts een keuze zijn uit de vele die hebben plaatsgevonden, illustreren de toenemende belangstelling die de kunst uit de periode 1880–1940 bij het naderen van het magische jaar 2000 ten deel is gevallen. Een interesse, die samenvalt met een ongekende verzamelwoede onder particuliere collectioneurs. Waar deze verzamelhausse toe kan leiden, werd in 2000 duidelijk toen in het Singer Museum te Laren de tentoonstelling *Leven in een verzameling. Toegepaste kunst 1890–1940 uit de collectie Meentwijck* was te zien. Deze tentoonstelling over Nederlandse kunstnijverheid uit het bezit van één enkele particulier was zowel in kwaliteit als kwantiteit de meest indrukwekkende expositie die de laatste jaren op dit gebied heeft plaatsgevonden.

Tegen deze achtergrond gezien, is het bijzonder verheugend dat we in het jaar 2001 een nieuwe tentoonstelling aan de indrukwekkende lijst mogen toevoegen. Ook dit keer betreft het een particuliere verzameling en wel de collectie *Alfons Leythe*. Deze verzameling internationaal zilver is in de afgelopen jaren met de grootste zorg bijeengebracht en wordt nu voor het eerst in haar totaliteit op verschillende plaatsen in Nederland, België en Duitsland getoond. Het is bijzonder verheugend dat wij als musea een dergelijke glansrijke tentoonstelling uit particulier bezit mogen brengen. Voor museale instellingen, waar de kunst uit de periode 1880–1940 een vooraanstaande plaats inneemt, is het een uitgelezen kans om, weliswaar tijdelijk, de eigen verzameling met een collectie topstukken op het gebied van het inter-

an entire period. The most recent comprehensive exhibition of this last type, *Art Nouveau 1890–1914*, was lavishly mounted on a grand scale by the Victoria and Albert Museum in London in 2000.

All the many exhibitions – the handful mentioned above represents only a very small selection – dealing with the decorative arts from the periods between 1880 and 1940 show that interest grew by leaps and bounds the closer the magic year 2000 came and, with it, the centenary of the fabled 1900 *Exposition Universelle* in Paris. The interest evinced by the public at large has been matched by an unprecedented surge in acquisition by private collectors. Where collecting on such a scale can lead became abundantly clear in 2000, when *Leven in een verzameling. Toegepaste kunst 1890–1940 uit de collectie Meentwijck* was mounted by the Singer Museum in Laren, the Netherlands. The most impressive exhibition in recent years devoted to the decorative and applied arts in Holland, it will be hard to match both in scale and quality.

Viewed from such a perspective, we are particularly delighted to be able to add a new exhibition to this impressive list. Once again the goal is to present a private collection, this time the *Alfons Leythe Collection*. Fastidiously assembled over the past few years, this international collection of silver is now being presented for the first time in its entirety by museums in the Netherlands, Belgium and Germany. We are especially proud to show such a superb private collection; for museums with a strong focus on the art of the period from 1880 to 1940, this is a unique opportunity to supplement public collections, albeit it only temporarily, with an international collection comprising pieces of such outstanding quality representing the silversmith's art. For this we are indeed grateful to their collector, *Alfons*

Die letzte, mit großem Aufwand realisierte, dem Jugendstil gewidmete Ausstellung dieser Art war *Art Nouveau 1890–1914*, die im Jahre 2000 im Londoner Victoria and Albert Museum stattfand. Diese vielen Ausstellungen – es handelt sich ja hier lediglich um eine kleine Auswahl – verdeutlichen die zunehmende Bedeutung, die die Kunst von 1880 bis 1940 gewann, je näher wir dem magischen Jahr 2000 kamen und damit 100 Jahre nach der legendären Weltausstellung in Paris 1900 vergangen waren. Ein Interesse, das begleitet wurde und wird von einer nie dagewesenen Sammelleidenschaft privater Sammler. Wohin dieses Sammlerinteresse führen kann, wurde im Jahre 2000 deutlich, als im Singer Museum in Laren die Ausstellung *Leven in een verzameling. Toegepaste kunst 1890–1940 uit de collectie Meentwijck* gezeigt wurde, deren Exponate aus einer Privatsammlung stammten. Sowohl in Qualität, als auch in Quantität war dies die beeindruckendste Ausstellung, die in den letzten Jahren zum Thema holländisches Kunsthandwerk stattfand.

Vor diesem Hintergrund ist es besonders erfreulich, daß wir nun im Jahre 2001 dieser eindrucksvollen Liste eine neue Ausstellung hinzufügen dürfen, auch diesmal mit dem Ziel, eine private Sammlung vorzustellen, die Sammlung *Alfons Leythe*. Diese Kollektion internationalen Silbergeräts ist in den letzten Jahren mit größter Sorgfalt zusammengestellt worden und wird nun erstmals in ihrer Gesamtheit in verschiedenen Museen in den Niederlanden, Belgien und Deutschland gezeigt. Eine solch glanzvolle Ausstellung aus Privatbesitz zeigen zu dürfen, ist für uns ganz besonders erfreulich. Für museale Einrichtungen, in denen die Kunst aus der Zeit von 1880 bis 1940 einen herausragenden Platz einnimmt, ist es eine einmalige Chance, die eigene Sammlung mit einer Kollektion von Topstücken der internationalen Silberschmiedekunst temporär erweitern zu dürfen. Wir sind dem Sammler *Alfons Leyhte*

nationale zilver te mogen uitbreiden. Wij zijn de collectie *Alfons Leythe* daar dan ook bijzonder dankbaar voor.

Onze dank geldt ook mevrouw Annelies Krekel-Aalberse die de begeleidende publicatie heeft verzorgd. Als deskundige bij uitstek had het samenstellen van het boek *Zilver 1880–1940 Art Nouveau/Art Déco* in geen betere handen gelegd kunnen worden.

Tentoonstelling en boek vormen een belangrijke bijdrage aan de geschiedschrijving van de kunstnijverheid uit de periode 1880–1940 die elke keer weer nieuwe verrassingen in petto blijkt te hebben.

Prof. dr. Titus M. Eliëns
Gemeentemuseum Den Haag

Leo De Ren
Provinciaal Museum Sterckshof-Zilvercentrum, Antwerpen/Deurne

Prof. dr. Harald Siebenmorgen
Badisches Landesmuseum Karlsruhe

Dr. Wolfgang Schepers
Kestner-Museum, Hannover

Rudolf Schäffer
Deutsches Goldschmiedehaus, Hanau

Dr. Ellen Schwinzer
Gustav Lübcke Museum, Hamm

Leyhte. We should also like to thank Annelies Krekel-Aalberse for placing her expertise and unswerving commitment at our disposal in preparing the catalogue to accompany the exhibition. Compiling the present book could not have been entrusted to anyone better qualified for the task.

Both the exhibition and the book accompanying it contribute substantially to scholarship in the field of the decorative arts between 1880 and 1940, a period which never ceases to amaze with new discoveries.

Prof. Dr. Titus M. Eliëns
Gemeentemuseum The Hague

Leo De Ren
Provinciaal Museum Sterckshof-Zilvercentrum, Antwerp/Deurne

Prof. Dr. Harald Siebenmorgen
Badisches Landesmuseum Karlsruhe

Dr. Wolfgang Schepers
Kestner-Museum, Hanover

Rudolf Schäffer
Deutsches Goldschmiedehaus, Hanau

Dr. Ellen Schwinzer
Gustav Lübcke Museum, Hamm

dafür besonders dankbar. Unser Dank gilt auch Frau Annelies Krekel-Aalberse, die die begleitende Publikation verfaßt hat. Dank ihrer außergewöhnlich guten Fachkenntnis ist die Zusammenstellung des vorliegenden Buches in gute Hände gelegt worden.

Ausstellung und Buch leisten einen bedeutenden Beitrag zur Erforschung des Kunsthandwerks der Zeit von 1880 bis 1940, einer Epoche, die immer wieder mit neuen Überraschungen aufwartet.

Prof. Dr. Titus M. Eliëns
Gemeentemuseum Den Haag

Leo De Ren
Provinciaal Museum Sterckshof-Zilvercentrum, Antwerpen/Deurne

Prof. Dr. Harald Siebenmorgen
Badisches Landesmuseum Karlsruhe

Dr. Wolfgang Schepers
Kestner-Museum, Hannover

Rudolf Schäffer
Deutsches Goldschmiedehaus, Hanau

Dr. Ellen Schwinzer
Gustav Lübcke Museum, Hamm

DE COLLECTIE
ALFONS LEYTHE

Deze particuliere verzameling geeft een indruk van de innoverende vormgeving van het zilver dat tussen 1880 en 1940 in gegoede huishoudens op de eet- en theetafel werd gebruikt. In deze verzameling ligt het accent op grotere voorwerpen (het zogenaamde corpuswerk) en niet op schepwerk. Ook al werd rond 1900, met name in Duitsland een indrukwekkende hoeveelheid moderne bestekken ontworpen[1], toch wilde de verzamelaar geen exemplarische bestekverzameling opbouwen, maar gaf hij de voorkeur aan koffie- en theeserviezen, manden, kandelaars en overige voorwerpen voor een feestelijke gedekte tafel.

In de loop van de jaren kwam hij tot de ontdekking dat er opmerkelijk veel theeserviezen zijn vervaardigd. Ondanks de hoge prijzen moeten er bijzonder veel zijn verkocht, gezien de aantallen die tegenwoordig deel uitmaken van openbare collecties. Hierbij zinkt het aantal moderne kandelaars en broodschalen volledig in het niet. Jardinières, zowel met glazen als met onedele binnenbakken en fruitschalen waren uiterst modieuze voorwerpen in die tijd. Mooi opgemaakt met bloemen of fruit sierden zij het midden van de gedekte tafel.

De Alfons Leythe-collectie bevat echter niet alleen zilver voor op tafel. In de jaren twintig werd het mixen van cocktails bijzonder populair. In de 'bar

THE
ALFONS LEYTHE
COLLECTION

The Alfons Leythe Collection conveys profound insights into the changes which took place in the design of wares in silver throughout the period between 1880 and 1940. The focus of this private collection is on large utilitarian pieces. Although by 1900 – in Germany especially – an impressive array of designs for modern silver cutlery had come to the fore[1], the collector was not concerned with amassing a model collection of knives and forks, preferring instead to concentrate on the other objects associated with the elegantly set tea or dinner-table.

Over the years he discovered that an unusually large number of tea-services had been made during the period that interested him. As expensive as they already were, they must nonetheless have sold extremely well, to judge by the great number of such pieces now in public collections. Modern candlesticks and bread-baskets, on the other hand, must have been quite rare. Stylish set utilitarian objects such as jardinières with glass and metal insets and fruit baskets, appropriately decorated with flowers or fruit, were popular as table centre-pieces. The Alfons Leythe Collection comprises more than table silver. In the 1920s mixing cocktails was all the rage. Silver cocktail shakers were used in the 'bar at home'[2], often with matching

DIE SAMMLUNG
ALFONS LEYTHE

Die Sammlung Alfons Leythe gibt einen Einblick in die ständige Erneuerung der Gestaltung des Silbergeräts zwischen 1880 und 1940. Der Schwerpunkt dieser Privatsammlung liegt auf den größeren Gebrauchsgegenständen, der sogenannten Korpusware. Es wurde schon um 1900 – vor allem in Deutschland – eine beeindruckende Anzahl moderner Bestecke entworfen[1], doch ging es dem Sammler nicht darum, eine exemplarische Bestecksammlung aufzubauen, er gab vielmehr den Gegenständen rund um die festlich gedeckte Tafel den Vorzug.

Im Laufe der Jahre entdeckte er, daß auffallend viele Teeservice gefertigt wurden. Trotz der schon damals hohen Preise müssen sehr viele davon verkauft worden sein, wie man an den großen Stückzahlen ablesen kann, die heute Bestandteil öffentlicher Sammlungen sind. Im Vergleich dazu waren moderne Kerzenleuchter und Brotschalen eher selten. Auch Jardinieren mit Glas- und Metalleinsätzen sowie Fruchtschalen waren in dieser Zeit modische Gebrauchsgegenstände; ansprechend mit Blumen oder Früchten dekoriert, schmückten sie die Mitte der gedeckten Tafel.

Die Sammlung Alfons Leythe umfaßt nicht nur Tafelsilber. In den 20er Jahren wurde das Mixen von Cocktails besonders populär. In der „bar at home"[2] verwendete man silberne Cocktailshaker,

at home'[2] werden zilveren cocktailshakers gebruikt, soms met bijpassende bekertjes en een ijsemmer. Voor sigarettenrokers (en -rooksters!) werden voor het eerst uiterst elegante zilveren sigarettenkokers en zelfs luxueuze asbakjes ontworpen. Gespen, doosjes en andere snuisterijen in deze collectie vallen natuurlijk niet onder de categorie corpuswerk, maar welke verzamelaar slaat niet af en toe een zijpad in? Dergelijke kleine objecten laten zien hoe wijd verbreid het moderne design in zilver was rond 1900 (Art Nouveau) en rond 1930 (Art Deco).

De moderne stromingen in zilver zijn zo divers, dat men kan spreken van twee verschillende richtingen: een decoratieve en een constructieve. Men vindt zowel opvallend gedecoreerde als glad geconstrueerde vormen, uit de hand geslagen of machinaal vervaardigd en voorzien van een gehamerd of een glad oppervlak. Dankzij deze diversiteit werd het onderzoek van de internationale edelsmeedkunst uit die stijlperioden voor verzamelaar en auteur een boeiend avontuur.

DESIGN IN ZILVER

De industriële revolutie bracht een aanzienlijk deel van de burgerij grote welvaart. In die kringen ontstond een vraag naar luxe en dus ook naar zilveren gebruiksvoorwerpen. Dat zilver werd aanvankelijk nog uit de hand gemaakt. In 1851 schreef de Nederlandse zilverfabrikant J.M. van Kempen in een brochure: 'De bewerking der edele metalen op zich zelve is slechts een techniek, een handwerk, waarin ieder mensch het tot op zekere hoogte brengen kan'.[3] Dit handwerk werd weldra vervangen door een explosief groeiende productie met door stoom aangedreven mechanische hulpmiddelen. Dat door de arbeidsdeling in de zilverfabrieken het traditionele handwerk van de zilversmeden vrijwel geheel zou verdwijnen, heeft Van Kempen zich niet gerealiseerd. De fabrieksmatige productie leidde tot een arbeidsdeling die het vak van de zilversmid ingrijpend veranderde.

fitted beakers and ice buckets. Elegant silver cigarette cases and silver cigar bowls used as ashtrays were being designed for the first time as smoking accessories (women were smoking too by now!). Belt-buckles, jars and other small articles are not, of course, standard collector's items but what collector does not welcome an occasional diversion? Little articles of this kind show how pervasive modern design in silver was in the years just before and immediately following 1900 (Jugendstil/Art Nouveau) and on up to 1930 (Art Déco).

Modern trends in silver design are highly diverse yet two main divergent currents can be distinguished: a decorative and a functional one. Some pieces are remarkably ornate whereas others are notable for stringently articulated austerity of form. Pieces may be either hand-made or industrially produced; their surfaces can be hammered or smooth. It is the enormous diversity of design internationally distinguishing silver from the period between 1880 and 1940 that makes it such an exciting object of study for both collectors and the author.

DESIGN IN SILVER

The Industrial Revolution brought prosperity to an increasingly broad middle class. Among the newly affluent, demand grew apace for luxury goods, including utilitarian objects made of silver. In the early days such wares in silver were, of course, made by master craftsmen. As the Dutch silverware maker J.M. van Kempen noted in a brochure in 1851: 'The workmanship of precious metals, considered by itself, is but a mere technicality, a handicraft, which every man may carry to a certain degree of perfection.'[3] It was not long before traditional craftsmanship had yielded to the headlong development of steam-

manchmal mit den dazu passenden Bechern und einem Eiseimer. Für Zigarettenraucher (und -raucherinnen!) wurden zum erstenmal höchst elegante, silberne Zigarettenetuis und auch silberne Aschenbecher entworfen. Gürtelschließen, Dosen und andere Kleinobjekte fallen natürlich nicht unter die Kategorie Korpusware, aber welcher Sammler gerät nicht ab und zu auf Abwege? Diese kleinen Objekte zeigen aber, wie weit verbreitet modernes Design in Silber um die Jahrhundertwende (Jugendstil/Art Nouveau) und bis um 1930 (Art Déco) waren.

Die modernen Strömungen der Silbergestaltung sind sehr unterschiedlich, doch lassen sich zwei verschiedenen Richtungen deutlich ablesen: eine dekorative und eine konstruktive. Einige Arbeiten sind auffallend stark verziert, andere haben eine klar konstruierte Form, sie sind von Hand gearbeitet oder maschinell gefertigt, versehen mit einer gehämmerten oder einer glatten Oberfläche. Dank dieser Vielfalt ist die Forschung im Bereich der internationalen Silberschmiedekunst zwischen 1880 und 1940 für den Sammler und den Autor ein packendes Abenteuer.

DESIGN IN SILBER

Die industrielle Revolution brachte einem ansehnlichen Teil des Bürgertums großen Wohlstand. In diesen Kreisen kam eine Nachfrage nach Luxusgütern auf und im Zuge dessen auch nach Gebrauchsgegenständen aus Silber. Anfänglich wurde das Silber von Hand gearbeitet. 1851 schrieb der niederländische Silberwarenfabrikant J. M. van Kempen in einer Broschüre: „Die Bearbeitung der Edelmetalle an sich ist schlicht eine Technik, ein Handwerk, in dem es jeder Mensch zu einer gewissen Fertigkeit bringen kann".[3] Dieses Handwerk wurde alsbald durch eine rasant wachsende Produktion mittels dampfbetriebener, maschineller Hilfsmittel ersetzt. Daß durch die Arbeitsteilung in den Silberwarenfabriken das traditionelle Handwerk des Silberschmieds nahezu verschwinden soll-

Hij werd geleidelijk een bekwame monteur, die geroutineerd voorwerpen samenstelde uit losse onderdelen die met behulp van door stoom- machines aangedreven persen en forceerban- ken waren gemaakt. Veel tijdrovend handwerk, zoals het vervaardigen van holle vormen uit een vlakke plaat, werd hem uit handen genomen. Van handwerk is sindsdien in fabrieken geen sprake meer en aan het eind van de negentiende eeuw waren er dan ook nauwelijks meer zilversmeden te vinden, die het ambacht nog beheersten. Daar- door en door de grote vraag waaraan moest wor- den voldaan, liet de kwaliteit vaak te wensen over. De fabrieksmatige productie is slechts één aspect van de kunstnijverheid uit de negentiende eeuw, veel opvallender is het gemis aan een eigen stijl. Men wist niets anders te bedenken dan het imi teren, soms zelfs combineren van oude stijlen. Zo constateerde Van Kempen in de reeds genoemde brochure dat 'de vormen producten zijn van het aesthetisch kunstgevoel, dat doorgaans slechts aan weinigen ten deel valt, ja, dat zelfs aan gansch een volk of aan een geheel tijdvak kan ontbreken.'4 Net als zijn tijdgenoten zag hij nog geen oplos- sing voor dit gebrek aan creativiteit. Die diende zich pas zo'n twintig jaar later aan, toen de wes- terse wereld kennismaakte met prentkunst en gebruiksvoorwerpen uit Japan.

In 1854 dwong de Amerikaanse marinecomman- dant M.C. Perry Japan zijn havens voor buiten- landse schepen open te stellen. Hiermee kwam een eind aan de isolatiepolitiek van dit land. Twee eeuwen lang was de Nederlandse handelspost op Deshima, een waaiervormig kunstmatig eilandje in de baai van Nagasaki, de enige verbindings- schakel geweest tussen Japan en de rest van de wereld. Op de wereldtentoonstellingen in Londen (1862), Parijs (1867, 1878, 1889) en Wenen (1873) maakte een breed publiek kennis met de tot dan toe vrijwel onbekende Japanse (kunst)voorwer- pen. De Japanse kunst bood een schat aan nieu- we ornamenten en vormen. Progressieve ontwer-

driven mechanical production. J. M. van Kempen did not realize that the silversmith's venerable craft would be almost entirely supplanted by the division of labour in factories producing silver- ware industrially. Factory production of silver called for processes and stages of production which profoundly changed the way silversmiths worked. Such craftsmen gradually turned into fitters whose work was merely routine, assem- bling parts made in silver by steam-driven press- es and lathes. Machines had by now taken over what had been such time-consuming work as making hollow shapes from sheet silver by hand. From now on craftsmanship was not much men- tioned at factories. By the close of the 19th cen- tury there were only a very few silversmiths left who really mastered the traditional craft. For this reason and because of the great demand for silverware, quality often left much to be desired.
The switch to factory production is only one aspect of the changes which affected the dec- orative and applied arts in the 19th century. What is far more obvious is the lack of distinc- tive styles. Imitating and combining earlier peri- od styles became standard practice in design. In the brochure mentioned above, van Kempen insisted that 'forms are the result of the com- bined art of feeling and judging, with which but few are endowed, and which even a whole nation, an entire period, may be destitute of.'4 Like his contemporaries, he did not know what to do about this dearth of creativity. The solu- tion would not be found until 20 years later, when the West became familiar with prints and utilitarian objects imported from Japan.
In 1854 Commodore Matthew C. Perry of the United States navy forced Japan to open its ports to foreign shipping, thus putting an end to the lengthy period of Japanese isolationist policy. Before Japan was opened up for regular trade with Europe and America, the Dutch trad-

te, war van Kempen nicht bewußt. Die fabrik- mäßige Produktion führte zu einer Arbeitstei- lung, die den Beruf des Silberschmieds tiefgreifend veränderte. Er wurde nach und nach zu einem Monteur, der mit Hilfe dampfbetriebener Pressen und Drückbänke routiniert Silbergerät aus ein- zelnen Teilen zusammensetzte. Viel zeitraubende Handarbeit, wie das Fertigen von hohlen Formen aus der Fläche heraus, war nun Aufgabe der Ma- schine. Von Handwerk ist seither in den Fabriken nicht mehr die Rede, und am Ende des 19. Jahr- hunderts gab es nur noch wenige Silberschmiede, die ihr Handwerk wirklich beherrschten. Dadurch und aufgrund der großen Nachfrage nach Silber- gerät ließ die Qualität häufig zu wünschen übrig. Die fabrikmäßige Produktion ist nur ein Aspekt des Kunsthandwerks im 19. Jahrhundert, viel auffal- lender ist das Fehlen eines eigenen Stils. Das Imi- tieren und Kombinieren alter Stile war gängige künstlerische Praxis geworden. So konstatierte van Kempen in der oben genannten Broschüre, daß „die Formen das Produkt eines ästhetischen Kunst- gefühls sind, das in der Regel nur wenigen gege- ben ist, ja, das sogar einem ganzen Volk, oder einer Epoche fehlen kann".4 Genau wie seine Zeit- genossen sah er noch keine Lösung für diesen Mangel an Kreativität. Diese bot sich erst etwa 20 Jahre später an, als die westliche Welt mit den

Drucken und Gebrauchsgegenständen aus Japan Bekanntschaft machte.
1854 zwang der amerikanische Marinekomman- dant M.C. Perry Japan, seine Häfen für ausländi- sche Schiffe zu öffnen. Dadurch fand die lange Periode japanischer Isolationspolitik ihr Ende. Vor der Öffnung war der niederländische Handels- posten auf Deshima, einer kleinen fächerförmgen, künstlichen Insel in der Bucht von Nagasaki, zwei Jahrhunderte lang die einzige Verbindungsstelle zwischen Japan und dem Rest der Welt. Auf den Weltausstellungen in London (1862), Paris (1867, 1878, 1889) und Wien (1873) machte ein breites Publikum Bekanntschaft mit den bis dahin nahezu

pers raakten in de ban van het japonisme en wisten zich eindelijk te bevrijden van het historisme. De reeds genoemde matige tot slechte kwaliteit van fabrieksproducten wekte in de laatste decennia van de negentiende eeuw steeds meer weerstand. William Morris (1834–1906), een van de centrale figuren in de Engelse *Arts and Crafts*-beweging, meende dat de kwaliteit slechts verbeterd kon worden door het handwerk in ere te herstellen en ambachtslieden een goede opleiding te laten volgen. In diverse Europese landen vond dit streven weerklank en werden kunstnijverheidsscholen gesticht waar vakspecialisten uit verschillende disciplines een nieuwe generatie edelsmeden opleidden. Ook voor de toekomst van de edelsmeedkunst waren deze scholen, met hun gerichte opleidingen, van groot belang. In publicaties uit het interbellum wordt regelmatig aandacht besteed aan het werk van al deze getalenteerde zilversmeden.

Dit alles in aanmerking nemend is het opmerkelijk dat de eerste voorwerpen in een geheel nieuwe vormgeving niet zijn ontstaan in het atelier van een ambachtelijke, avant-gardistische zilversmid, maar op de tekentafel van een Victoriaanse kunstenaar, waarna enkele grote zilverfabrieken de productie voor hun rekening namen. Deze kunstenaar, al in 1898 'perhaps the greatest commercial designer of his time'[5] genoemd, is de veelzijdige Christopher Dresser (1834–1904). Op uitnodiging van de regering van Japan maakte hij in 1876–77 als eerste buitenlandse ontwerper een vier maanden durende reis door dit land.[6] Hij had een eigen ontwerpstudio en verkocht zijn werk aan ruim vijftig bedrijven die de meest uiteenlopende producten fabriceerden, van behangsels en tapijten tot glas, keramiek en zilver. Vanaf circa 1880 ontwierp hij onder meer voor Hukin & Heath, een zilverfabrikant in Birmingham, zilveren (en verzilverde) gebruiksvoorwerpen in opvallende, bijzonder originele vormen die duidelijk zijn beïnvloed door alles wat hij tijdens zijn reis door Japan

ing post on Deshima, a tiny, fan-shaped man-made island in Nagasaki Bay, was for two centuries the only link between Japan and the West. International trade fairs like the exhibitions in London (1862), Paris (1867, 1878, 1889) and Vienna (1873) acquainted a broad public with Japanese (art) objects, which had hitherto not been widely known in Europe. Japanese art provided an enormous new repertoire of decorative elements and forms. Avant-garde designers were captivated and their fascination with it liberated them from Historicism.

The last decades of the 19th century saw the growth of impatience with the mediocre or even poor quality standards which have already been touched on here. William Morris (1834–1906), a guiding light of the English Arts and Crafts movement, was convinced that the only way of improving quality and ensuring consistent quality standards was to promote the crafts by actively fostering proper training in them.

This endeavour was eagerly seconded in several European countries by the founding of numerous schools for the decorative and applied arts where a new generation of gold and silversmiths joined the ranks of specialist instructors teaching crafts. With their systematic and ably taught courses of instruction, these schools would continue for a long time to come to exert a far-reaching influence on the silversmith's art. Publications dealing with the period between the world wars made a point of calling attention to the work of talented silversmiths.

Remarkably, the first essays in this entirely new conception of design did not come from an avant-garde silversmith's studio. On the contrary, they were created on the drawing-board of a freelance Victorian artist working on commission, whose designs went into production at several large silverware factories. This artist, regarded by 1898 as 'perhaps the greatest designer of his time'[5], was the versatile and pro-

unbekannten japanischen (Kunst-)Gegenständen. Die japanische Kunst bot einen enormen Schatz an neuen Ornamenten und Formen. Fortschrittliche Gestalter gerieten in deren Bann und konnten sich dadurch vom Historismus befreien.

Die schon angesprochene mäßige bis schlechte Qualität der Fabrikprodukte weckte in den letzten Dekaden des 19. Jahrhunderts immer größeren Widerwillen. William Morris (1834–1906), eine der zentralen Figuren der englischen *Arts and Crafts*-Bewegung war der Überzeugung, daß sich eine Verbesserung der Qualität nur durch eine Förderung des Handwerks und eine entsprechend gute Ausbildung erzielen ließe.

In verschiedenen europäischen Ländern fand dieses Bestreben Widerhall und es kam zur Gründung zahlreicher Kunstgewerbeschulen, in denen Fachlehrer aus verschiedenen Disziplinen u.a. eine neue Generation von Gold- und Silberschmieden heranzogen. Auch für die weitere Zukunft der Silberschmiedekunst waren diese Schulen mit ihrem zielgerichteten Ausbildungsprogramm von maßgeblicher Bedeutung. In Veröffentlichungen über die Zwischenkriegszeit wird regelmäßig auf das Werk dieser talentierten Silberschmiede hingewiesen.

Es ist bemerkenswert, daß die ersten Entwürfe in einer völlig neuen Gestaltungsweise dennoch nicht im Atelier eines Handwerkers, eines avant-gardistischen Silberschmieds entstanden sind sondern auf dem Zeichenbrett eines viktorianischen Künstlers, dessen Entwürfe von einigen großen Silberwarenfabriken auf eigene Rechnung in Produktion genommen wurden. Dieser Künstler, schon 1898 als „perhaps the greatest designer of his time"[5] bezeichnet, ist der vielseitige Christopher Dresser (1834–1904). Auf Einladung der japanischen Regierung machte er als erster ausländischer Gestalter eine viermonatige Reise durch dieses Land.[6] Er hatte ein eigenes Designer-Studio und verkaufte seine Entwürfe an rund 50 Betriebe, die unterschiedlichste Produkte herstellten, von

had gezien. Dresser was goed op de hoogte van het productieproces en hield er bij zijn zilverontwerpen terdege rekening mee dat dit kostbare metaal op een economische manier moest worden verwerkt. Daarom gebruikte hij bijvoorbeeld dunne platen die op essentiële plekken met een hoek of een rand werden versterkt om vervormingen te voorkomen. Sommige van deze ongedecoreerde objecten in stereometrische vormen als halve bollen en ruiten ogen ook nu nog verrassend modern, ofschoon ze – let wel – dateren uit de hoogtijdagen van de Victoriaanse stijl (cat. nrs. 1,2 en 3). Zijn ontwerp voor het picknickservies is zelfs in het buitenland geproduceerd.[7] Deze vroege pogingen tot vernieuwing van de vormgeving van fabrieksproducten vonden op dat moment helaas nauwelijks weerklank bij andere ontwerpers en producenten.

Pas zo'n vijftien jaar na Dresser's revolutionaire zilverontwerpen nam een jonge generatie ontwerpers en edelsmeden opnieuw het voortouw. Ook zij hechtten meer belang aan goede vormen dan aan mooie ornamenten en trokken met innovatieve zilverontwerpen alom de aandacht. Hun werk werd getoond op alle grote internationale kunstnijverheidstentoonstellingen die tussen 1900 en 1940 werden georganiseerd: de *Esposizione Internazionale d'Arte Decorativa Moderna* in Turijn in 1902, de *Exposition Internationale des Arts Décoratifs et Industriels Modernes* in Parijs in 1925. *Europäisches Kunstgewerbe* in Leipzig in 1927 en de *Exposition des Arts et Techniques* in Parijs in 1937. In tegenstelling tot deze gespecialiseerde exposities werden op wereldtentoonstellingen, zoals die van 1900 in Parijs (met 67 000 exposanten![8]) de meest uiteenlopende producten gepresenteerd, variërend van de nieuwste stoommachines en auto's tot penningen en verfijnde juwelen. In internationale kunsttijdschriften als *The Studio, Art et Décoration, Dekorative Kunst* en *Jugendstil* werden uitvoerige verslagen gepubliceerd met talrijke afbeeldingen van moderne kunstnijverheid, zodat

lific Christopher Dresser (1834–1904). One of the first foreign designers to be invited by the Japanese government to Japan, he spent four months travelling about the country.[6] He had his own design studio and sold his designs to about 50 firms manufacturing all sorts of utilitarian and decorative products ranging from furniture, wallpaper and carpets to glass, ceramics and silverware. From about 1880 he worked for Hukin & Heath, a factory making silverware in Birmingham, where he designed silver (and silver-plated) utilitarian objects notable for the strikingly original formal idiom he employed, which clearly shows influences he had assimilated on his travels in Japan. Thoroughly familiar with all aspects of industrial production, Dresser realized the importance of designing his silver as economically as possible because the material used was so costly. Consequently, he counteracted metal fatigue by using thin sheets of silver, reinforced with corners or borders. Some of his undecorated objects in such geometric forms as hemispheres and rhomboids still look surprisingly modern today although they – remember – date from the period in which the High Victorian style reigned supreme (cat. nos. 1, 2 and 3). Dresser's design for a picnic service was even manufactured abroad.[7] However, this pioneering attempt at revolutionizing the design of factory-made products was virtually ignored at the time by designers and makers alike.

Fifteen years would elapse before an innovative new generation of designers and silversmiths took up where Dresser had left off with his revolutionary designs. They, too, laid more emphasis on form than on handsome decoration and their original silver designs met with universal acclaim. Their work was exhibited between 1900 and 1940 at all major international trade fairs specialising in the decorative and applied arts, including the *Esposizione Internazionale d'Arte*

Tapeten über Teppiche bis hin zu Glas, Keramik und Silbergerät. Etwa ab 1880 entwarf er unter anderem für Hukin & Heath, eine Silberwarenfabrik in Birmingham, silberne (und versilberte) Gebrauchsgegenstände in auffallender, besonders origineller Formensprache, die deutlich Einflüsse seiner Reise durch Japan aufweisen. Dresser kannte die Produktionsprozesse, und er berücksichtigte bei seinen Silberentwürfen auch, daß das kostbare Material auf wirtschaftliche Weise verarbeitet werden mußte. Darum benutzte er beispielsweise dünne Platten, die an wichtigen Stellen mit einer Ecke oder einem Rand verstärkt wurden, um so einer Verformung des Materials entgegenzuwirken. Einige dieser unverzierten Objekte in geometrischen Formen, wie Halbkugeln und Rauten, sehen auch heute noch überraschend modern aus, obwohl sie – wohlgemerkt – aus der Hochphase des viktorianischen Stils datieren (Kat.-Nrn. 1, 2 und 3). Sein Entwurf für ein Picknickservice wurde sogar im Ausland produziert.[7] Dieser frühe Vesuch einer Erneuerung der Formgebung von Fabrikprodukten fand zunächst jedoch kaum Widerhall bei anderen Gestaltern und Produzenten.

Gut 15 Jahre nach Dressers revolutionären Entwürfen, ergriff eine junge Generation von Gestaltern und Silberschmieden die Initiative. Auch sie legten mehr Gewicht auf eine gute Form denn auf schöne Ornamente und zogen allerorts mit ihren innovativen Silberentwürfen die Aufmerksamkeit auf sich. Ihre Arbeiten wurden zwischen 1900 und 1940 auf allen großen internationalen Kunstgewerbeausstellungen gezeigt: so z. B. auf der *Esposizione Internazionale d'Arte Decorativa Moderna* in Turin 1902, auf der *Exposition Internationale des Arts Décoratifs et Industriels Modernes* 1925 in Paris, auf der Ausstellung *Europäisches Kunstgewerbe* in Leipzig 1927 und auf der *Exposition des Arts et Techniques* in Paris 1937. Im Gegensatz zu diesen fachbezogenen Ausstellungen wurden auf den Weltausstellungen, wie im Jahre 1900 in Paris (mit 67 000 Ausstellern![8]), die verschie-

belangstellenden zich op de hoogte konden stellen van de meest recente ontwikkelingen op artistiek gebied.

MODERN ZILVER TOT 1918 – BLOEMEN, LIJNEN, VORMEN

In de tot nu toe verschenen publicaties over art nouveau- en art deco-zilver werden zilversmeden en hun werk per stad, per land of alfabetisch geordend.[9] In deze catalogus is voor het eerst gepoogd het oeuvre van zilversmeden en fabrikanten zo veel mogelijk in een chronologische volgorde te plaatsen. Zo wordt duidelijk hoe de omslag van traditionalisme naar vernieuwing tot stand kwam.

Ook de overeenkomsten en verschillen in het zilver uit verschillende landen zijn zo beter te volgen. Dan pas valt op dat het vroegste zilveren voorwerp in art nouveau-stijl reeds in 1893 in Kopenhagen is gemaakt. De vorm van de schaal, (cat. nr. 4) naar een ontwerp van de architect Niels Georg Henriksen (1855–1922), tussen 1888 en 1922 artistiek directeur van de firma A. Michelsen, is niet nieuw, maar het gebruik van onkruid als ornament is dat wel. De paardebloemen zijn weliswaar star geordend en missen de soepele golvende lijnen, het belangrijkste kenmerk van de florale Art Nouveau, maar dit ontwerp is wel een eerste stap in die richting. Een latere uitvoering

van deze schaal was te zien in het Deense paviljoen in Parijs in 1900.

Rond 1900 kende elk land wel enkele invloedrijke kunstenaars die baanbrekend werk verrichtten met hun propaganda voor de vernieuwing van de edelsmeedkunst. De eerste was de Engelse architect Charles Robert Ashbee (1863–1942). Hij voelde zich sterk aangetrokken tot de idealen van de *Arts and Crafts*-beweging en brak een lans voor het traditionele handwerk. In 1888 stichtte hij in het Londense East End de *Guild and School of Handicraft* waar verschillende werkplaatsen aan verbonden waren, zoals een atelier voor edelsmeden, waarin hij al doende met enkele ambachts-

---

Decorativa Moderna in Turin (1902), the 1925 *Exposition Internationale des Arts Décoratifs et Industriels Modernes* in Paris, *Europäisches Kunstgewerbe* in Leipzig in 1927 and the 1937 Paris *Exposition des Arts et Techniques*. Unlike these specialist trade fairs, the great international exhibitions like the 1900 *Exposition Universelle* in Paris (with 67 000 participating exhibitors![8]), presented a broad palette of products, ranging from state-of-the-art steam-driven machinery and motor cars to coins and fine jewellery. International art magazines like *The Studio*, *Art et Décoration*, *Dekorative Kunst* and *Jugendstil* published exhaustive, sumptuously

illustrated articles on the modern decorative and applied arts so that anyone who was interested could keep abreast of the newest developments in design.

MODERN SILVER UP TO 1918 – FLOWERS, LINES, SHAPES

In publications dealing with Jugendstil/Art Nouveau and Art Déco silver, silversmiths and their work have invariably been presented by city, country or alphabetically.[9] The present catalogue is a first in so far as the work of silversmiths and manufacturers is introduced in chronological order wherever possible to high-

light the change from traditionalism to renewal in form and design. Moreover, structuring the book in this way makes similarities and differences between silver from the different countries immediately apparent. Consequently, one is struck with the fact that the earliest Art Nouveau designs in silver were being executed as early as 1893 in Copenhagen. A bowl (cat. no. 4), made after a design by the architect Niels Georg Henriksen (1855–1922), who was Art Director of the firm of A. Michelsen between 1888 and 1922, may not be startlingly innovative in shape yet his use of wild plants instead of garden flora as decoration motifs certainly

---

densten Produkte präsentiert: von den neuesten Dampfmaschinen und Autos über Münzen bis zu feinen Juwelen. In internationalen Kunstzeitschriften wie *The Studio*, *Art et Décoration*, *Dekorative Kunst* und *Jugendstil* wurden ausführliche Beiträge mit zahlreichen Abbildungen des modernen Kunsthandwerks veröffentlicht, so daß der Interessierte sich über die neuesten künstlerischen Entwicklungen auf dem laufenden halten konnte.

MODERNES SILBER BIS 1918 – BLUMEN, LINIEN, FORMEN

In den bis heute erschienen Publikationen über Jugendstil- und Art Déco-Silber werden Silber-

schmiede und ihr Werk nach Stadt, Land oder alphabetisch geordnet.[9] In diesem Katalog wird nun zum erstenmal der Versuch unternommen, das Werk der Silberschmiede und Fabrikanten so weit wie möglich in eine chronologische Ordnung zu bringen. So wird der Wandel vom Traditionalismus zur formalen Erneuerung besonders deutlich. Auch die Übereinstimmungen und Verschiedenheiten im Silbergerät der einzelnen Länder können so besser nachvollzogen werden. Dann erst fällt auf, daß die frühesten Jugendstil-Entwürfe in Silber bereits 1893 in Kopenhagen gefertigt wurden. Die Form der Schale (Kat.-Nr. 4) nach einem Entwurf des Architekten Niels Georg Henriksen

(1855–1922), zwischen 1888 und 1922 künstlerischer Direktor der Firma A. Michelsen, ist nicht neu, aber der Gebrauch von Unkraut als Dekor dagegen sehr wohl. Der Löwenzahn ist allerdings starr geordnet, und es fehlen ihm auch die schwingenden Wellenlinien, das wichtigste Merkmal des floralen Jugendstils, doch ist dieser Entwurf als ein erster Schritt in diese neue Richtung zu deuten. Eine spätere Ausführung dieser Schale wurde 1900 im dänischen Pavillon der Weltausstellung in Paris gezeigt.

Um 1900 hatte jedes Land einige einflußreiche Künstler, die mit neuen Formen in der Silberschmiedekunst bahnbrechende Arbeit leisteten.

Zilversmedenzaal Wolfers Frères, Brussel
A silversmith's studio at Wolfers Frères,
Brussels
Silberschmiedeatelier bei Wolfers Frères, Brüssel

2   Electrische hangbellen (vergelijk cat. nr. 54)
    **Silver push-button switches for electric bells
    (cf. cat. no. 54)**
    Druckschalter aus Silber für elektrische Klingeln
    (vgl. Kat.-Nr. 54)

DIE KUNSTGEWERBESCHULE IN NÜRNBERG

SILBERNE DRUCKKNÖPFE FÜR ELEKTRISCHE KLINGELLEITUNGEN ⬤ ENTWORFEN VON NERES-
HEIMER (SCHULE BERNHARD WENIG) ⬤ AUSGEFÜHRT VON NERESHEIMER & CO., HANAU ⬤ ⬤

2

KETTLE   DESIGNED BY CHRISTOPHER DRESSER
        (By permission of Messrs. Benham & Froud)

3

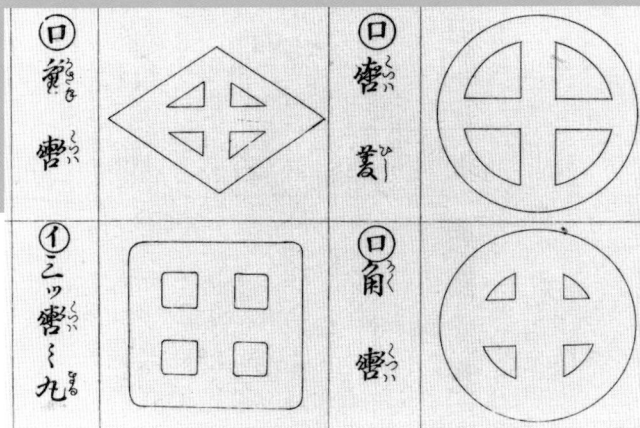

4

3   Ketel ontworpen door Christopher Dresser
    (vergelijk cat. nr. 9)
    **Jug, designed by Christopher Dresser
    (cf. cat. no. 9)**
    Kanne, entworfen von Christopher Dresser
    (vgl. Kat.-Nr. 9)

4   Pagina uit een Japans familiewapen lexicon
    Iroka monbiki-chò, Tokio 1881
    **A page from the Japanese dictionary of heraldic
    badges Iroka monbiki-chò, Tokyo 1881**
    Seite aus dem japanischen Familienwappen-
    lexikon Iroka monbiki-chò, Tokio 1881

lieden zelf de mogelijkheden en beperkingen van het materiaal leerde kennen. De start verliep langzaam, maar na een uitbreiding van de werkplaats in 1896 leidde het zilveratelier tot 1902 een bloeiend bestaan. Conform Ashbee's geïdealiseerde ideeën over de werkwijze van de middeleeuwse gilden moesten de zilversmeden en ontwerpers voortdurend nauw samenwerken en het is dikwijls niet of nauwelijks mogelijk vast te stellen wie voor welk ontwerp verantwoordelijk is. Niet voor niets vermeldt The Studio: 'The work to which the name of Mr. C. R. Ashbee is attached ought to be regarded less as his individual work than that of the Guild of Handicraft in its collective capacity.'[10] In 1902 verhuisde hij met zijn gildeleden vanuit het overvolle East End naar Chipping Camden, een rustig stadje op het platteland. Zakelijk gezien was dit een ondoordachte beslissing en in 1907 volgde de liquidatie.

Het zilver dat door de Guild of Handicraft werd gemaakt, heeft enkele opmerkelijke kenmerken. Zo zijn de vormen eenvoudig en overheersen de ornamenten niet. Ook de wijze waarop dikke zilveren draden door elkaar zijn gevlochten en tot hengsels en handvaten gevormd, was nooit eerder vertoond. De voorwerpen werden altijd afgeleverd met een mat, licht gehamerd oppervlak om te benadrukken dat de voorwerpen uit de hand waren gemaakt. Ook het gebruik van cabochon geslepen edelstenen en van email, soms met figuratieve voorstellingen, waren eigen inventies (cat. nrs. 14, 16, 41). De idealen van de Arts and Crafts-beweging en Ashbee's pionierswerk op het gebied van de ambachtelijke edelsmeedkunst waren van grote invloed op de moderne kunstnijverheidsbewegingen in Nederland, Duitsland en Oostenrijk. Siegfried Bing (1838–1905), die vanuit Hamburg in 1854 naar Parijs was verhuisd, had een grote belangstelling voor de Japanse kunst en cultuur. Hij is zelf in Japan geweest om goede handelsbetrekkingen aan te knopen en had een goedlopende winkel in de Franse hoofdstad, genaamd

---

is. The dandelions are, however, ordered in a rigid pattern devoid of the curvilinearity which is the hallmark of floral Art Nouveau. Still this design hints at new departures. A later version of this bowl was exhibited in the Danish pavilion at the 1900 Exposition Universelle in Paris. By 1900 a small but influential band of artists in quite a number of countries was breaking the ground in silver with a renewal of form and design. A pioneering designer of the period was the English aesthete and architect Charles Robert Ashbee (1863–1942). Caught up in the Arts and Crafts movement, he was strongly committed to the crafts tradition. In 1888 he founded the Guild and School of Handicraft in London's East End. Various workshops were affiliated with it, among them a silversmiths' studio, where he collaborated with craftsmen in exploring the potential – as well as the limitations – of silver as a material. Things moved slowly until in 1896 enlargements of the workshop marked an upturn for the silversmiths. In accordance with Ashbee's lofty ideals of working like the medieval crafts guilds, silversmiths and designers under his supervision had to collaborate closely at all stages of work in progress. For this reason it is not always possible to attribute designs to a particular artist. The Studio was entirely justified in reporting: 'The work to which the name of Mr. C.R. Ashbee is attached ought to be regarded less as his individual work than that of the Guild of Handicraft in its collective capacity.'[10] In 1902 Ashbee moved with the members of his guild away from the congested East End to Chipping Campden in Gloucestershire, a quiet country town. However, this decision was to prove his financial undoing; in 1907 the affiliated workshops were disbanded. Silver made by the Guild of Handicraft has several unusual and highly distinctive features. First, shapes are so simple that ornament is never overshadowed. Moreover, the manner in

---

Der erste war der englische Architekt Charles Robert Ashbee (1863–1942). Er fühlte sich von der Arts and Crafts-Bewegung sehr angezogen und engagierte sich stark für das traditionelle Handwerk. 1888 gründete er im Londoner East End die Guild and School of Handicraft, an die verschiedene Werkstätten angeschlossen waren, unter anderem auch ein Atelier für Silberschmiede, wo er sich gemeinsam mit einigen Handwerkern damit befaßte, die Möglichkeiten – aber auch Beschränkungen – des Materials zu studieren. Der Start verlief etwas schleppend, aber eine Erweiterung der Werkstätten im Jahre 1896 brachte das Atelier für Silber schmiede zur Blüte. In Übereinstimmung mit Ashbees idealisierten Vorstellungen von der Arbeitsweise der mittelalterlichen Gilden, mußten die Silberschmiede und Entwerfer dauerhaft eng zusammenarbeiten, und es ist daher häufig nicht oder nur schwer möglich, festzustellen, wer für welchen Entwurf verantwortlich ist. Nicht umsonst berichtete The Studio: „The work to which the name of Mr. C. R. Ashbee is attached ought to be regarded less as his individual work than that of the Guild of Handicraft in its collective capacity."[10] 1902 zog er mit seinen Gildemitgliedern aus dem übervollen East End nach Chipping Camden um, ein ruhiges Städtchen auf dem Lande. Wirtschaftlich gesehen war diese Entscheidung allerdings fatal, und es kam 1907 zur Auflösung der Werkstätten.

Das Silber, das durch die Guild of Handicraft hergestellt wurde, weist einige auffallende Besonderheiten auf. So sind die Formen einfach und überdecken das Ornament nicht. Auch die Weise, in der dicke Silberdrähte miteinander verflochten und zu Henkeln und Handgriffen geformt wurden, war neu. Das Gerät wurde immer mit einer leicht gehämmerten, matten Oberfläche versehen, um zu unterstreichen, daß diese Stücke von Hand gefertigt wurden. Der Gebrauch von Steinen im Cabouchon-Schliff und von Email, teils mit figurativen Motiven, waren eigene Erfindungen (Kat.-

Le Japon Artistique. Hij hoopte dat de Japanse kunst, naar zijn mening van groot belang voor de ontwikkeling van de creativiteit in Europa, Europese kunstenaars zou inspireren tot het ontwerpen van mooie gebruiksvoorwerpen. In 1895 richtte hij een nieuwe expositieruimte in, de *Galerie de l'Art Nouveau*. Bing was de eerste die geen onderscheid maakte tussen de beeldende en de toegepaste kunsten en deze kunstvormen werden in zijn galerie tesamen geëxposeerd. Zo waren op de eerste tentoonstelling meubels te zien van de Belgische architect Henry van de Velde, glas van Louis Comfort Tiffany uit New York en Emile Gallé uit Nancy en beeldhouwwerk van Auguste Rodin. De galerie werd een internationaal trefpunt en kunstenaars uit de hele wereld konden er kennis nemen van de beste werken die aan beide zijden van de oceaan werden gemaakt. Om de bloei van de nieuwe decoratieve stijl te bevorderen trok Bing bovendien enkele kunstenaars en modelleurs aan voor zijn eigen meubel- en sieradenateliers. De combinatie van naturalistische motieven met een sterk ontwikkelde lijnbeweging is kenmerkend voor de voorwerpen die in deze ateliers zijn ontstaan. De invloed daarvan was rond de eeuwwisseling zo groot, dat de naam van zijn galerie, *L'Art Nouveau*, tegenwoordig alom wordt gebruikt als benaming van de vernieuwingen in de kunstnijverheid rond 1900. In geen enkele Europese stad waren in deze tijd zoveel ateliers waar kunstenaars kostbare vitrine-objecten maakten als in Parijs, het franse culturele centrum bij uitstek. Sommigen, zoals bijvoorbeeld René Lalique, waren beroemd om hun uniek mooie sieraden. Toch vervaardigden zij ook siervoorwerpen die even exquise van uitvoering zijn. Met name Eugène Feuillâtre (1870–1916) is beroemd om zijn grote objecten, die hij op weergaloze wijze emailleerde. Hij was opgeleid in het atelier van de beroemde emailleur Louis Houillon en werkte daarna als assistent bij Lalique. In 1898 liet hij zijn meesterteken registreren en nam hij voor het eerst onder eigen naam deel aan een ten-

which thick silver wire was interlaced to form boldly looped handles and grips was extraordinarily innovative. Surfaces tended to be left matt with traces of hammering showing to underscore that these were pieces made entirely by hand. The use of cabochon stones and enamel, sometimes with figurative motifs was a hallmark Guild of Handicraft invention (cat. nos. 14, 16 and 41). The ideals of the Arts and Crafts movement and Ashbee's pioneering work in the field of skilled silversmith's art exerted a profound influence on the modern decorative and applied arts in the Netherlands, Germany and Austria.

Siegfried Bing (1838–1905), who moved to Paris from Hamburg in 1854, was fascinated with Japanese art and culture. He went to Japan for the purpose of cementing good trade relations and the flourishing business in Far Eastern art he had in the French capital was called *Le Japon Artistique*. His overriding hope was that Japanese art, which, he felt, might be most effective in promoting a resurgence of creativity, would inspire European artists to design and make objects for everyday use that were as beautiful as they were utilitarian. To this end he opened a new exhibition room, the *Galerie de l'Art Nouveau* in 1895. The first major Continental advocate of drawing no distinction between the fine and the applied arts, Bing mixed work from both fields in his gallery shows. His first exhibition of work in the new style featured furniture by the Belgian architect and designer Henry van de Velde, glass by Louis Comfort Tiffany of New York and Emil Gallé of Nancy as well as sculpture by Auguste Rodin. Bing's gallery became an internationally known venue where artists and connoisseurs met to discuss the best of modern art from both sides of the Atlantic. To promote the new decorative style, Bing employed several artists and modellers in furniture and jewellery studios of his own. A blend

Nrn. 14, 16 und 41). Die Ideale der *Arts and Crafts*-Bewegung und Ashbees Pionierarbeit auf dem Gebiet der handwerklichen Silberschmiedekunst waren von großem Einfluß auf die moderne Kunstgewerbebewegung in den Niederlanden, Deutschland und Österreich.
Siegfried Bing (1838–1905), der 1854 aus Hamburg nach Paris kam, hatte ein großes Interesse an der japanischen Kunst und Kultur. Er reiste selbst nach Japan, um gute Handelsbeziehungen zu knüpfen, und besaß ein florierendes Geschäft in der französischen Hauptstadt, mit dem Namen *Le Japon Artistique*. Er hoffte, daß die japanische Kunst, die seiner Meinung nach großen Einfluß auf die Entwicklung der Kreativität in Europa hatte, die europäischen Künstler dazu inspiriere, schöne Gebrauchsgegenstände zu entwerfen. 1895 richtete er einen neuen Ausstellungsraum ein, die *Galerie de l'Art Nouveau*. Bing war der erste, der keinen Unterschied zwischen bildender und angewandter Kunst machte und beide Kunstäußerungen in seiner Galerie gemeinsam ausstellte. So zeigte er auf seiner ersten Ausstellung Möbel des belgischen Architekten Henry van de Velde, Glas von Louis Comfort Tiffany aus New York und von Emil Gallé aus Nancy sowie Bildhauerarbeiten von Auguste Rodin. Die Galerie wurde ein internationaler Treffpunkt, und Künstler und Kunden aus der ganzen Welt konnten mit den besten Arbeiten (von beiden Seiten des Atlantiks) Bekanntschaft machen. Um den neuen dekorativen Stils zu fördern, stellte Bing einige Künstler und Modelleure für seine eigenen Möbel- und Schmuckwerkstätten ein. Die Kombination naturalistischer Motive mit einer stark ausgeprägten Linienbewegung ist kennzeichnend für die Entwürfe, die in diesen Ateliers entstanden sind. Der Einfluß, der von ihm und seiner Galerie ausging, war um die Jahrhundertwende so groß, daß der Name seiner Galerie, *L'Art Nouveau,* heute die Stilepoche um 1900 ganz allgemein bezeichnet. In keiner anderen europäischen Stadt gab es zu

toonstelling van de *Societé des Artistes Français,* een kunstenaarsorganisatie die jaarlijks tentoonstellingen voor de leden organiseerde. Feuillâtre nam tot 1910 aan al deze exposities deel en oogstte iedere keer veel succes met zijn werk.[11] De geheel geëmailleerde hoge vaas (cat. nr. 23) met een naturalistische iris tegen een melkwitte matte achtergrond geeft een goede indruk van zijn verbluffend vakmanschap.

In Duitsland was de situatie heel anders. Daar trachtten lokale vorsten de regionale culturele en economische bloei te bevorderen. Zo nodigde de Groothertog van Hessen in 1899 zeven kunstenaars uit, onder wie de Weense architect Joseph Maria Olbrich (1867–1908), de schilder/architect Peter Behrens (1868–1940), de schilder Hans Christiansen (1866–1945) en de binnenhuisarchitect Patriz Huber (1878–1902), om zich in Darmstadt te vestigen. Het was zijn bedoeling dat zij gebruiksvoorwerpen zouden ontwerpen, die door Hessische fabrikanten in productie konden worden genomen. Zo vervaardigde de zilverfabriek van Martin Mayer in Mainz diverse eenvoudige, kleine voorwerpen naar ontwerpen van Peter Behrens, Hans Christiansen (cat. nr. 30) en Patriz Huber (cat. nrs. 33, 35). De door Huber ontworpen objecten met opvallende, in breedte verlopende gebogen lijnen, bleken een groot succes en werden dan ook door anderen geïmiteerd (cat. nr. 59). Voor zover bekend zijn echter alle Huber ontworpen objecten gemerkt, zodat over zijn werk geen misverstand kan bestaan. Bij de firma Rückert, die eveneens in Mainz was gevestigd, zijn twee beste kontwerpen van Peter Behrens uitgevoerd.

In tegenstelling tot Darmstadt waren de artistieke vernieuwingen in Weimar het werk van één man, de veelzijdige Belgische architect en ontwerper Henry van de Velde. De meubels van deze kunstenaar, die in Duitsland voor het eerst werden getoond op de *Internationale Dresdner Kunstausstellung* in 1897, in de stand van de reeds eerder genoemde Parijse galeriehouder Siegfried

---

of naturalistic motifs and a pronounced linearity of movement are typical of the designs created in his studios. The influence exerted by Bing and his gallery was so great by the turn of the century that his gallery, *L'Art Nouveau*, has become eponymous for the entire 1900 period style. At that time Paris, the cultural capital of France, boasted more workshops in which artists made costly and innovative objects than any other European city. Some craftsmen then working in Paris, among them Lalique, were already celebrated for exquisite, one-of-a-kind pieces of jewellery of matchless beauty. However, artists were also designing silver in Paris which was just as fine. Eugène Feuillâtre (1870–1916) is especially well known for large, distinctively enamelled pieces. Feuillâtre trained in the workshop of the celebrated enameller Louis Houillon before working as Lalique's assistant. In 1898 he registered his maker's mark and participated for the first time under his own name in a group show mounted by the *Societé des Artistes Français*, an artists' association that organised annual exhibitions for its members. Feuillâtre showed work at all these exhibitions until 1910, each year to great acclaim.[11] The entirely enamelled silver vase shown here (cat. no. 23), which is decorated with a naturalistic iris against a matt, milky white ground exemplifies his astonishing skill in his chosen medium.

The situation in Germany was entirely different. Nobles in the various states of the Empire were anxious to promote both the cultural environment and the economies of their native regions. In 1899 Ernst Ludwig, Grand Duke of Hesse-Darmstadt, for instance, invited seven distinguished artists to settle in Darmstadt, among them the Viennese architect Joseph Maria Olbrich (1867–1908), the painter and architect Peter Behrens (1868–1940), the painter Hans Christiansen (1866–1945) and the interior decorator Patriz Huber (1878–1902). Ernst Lud-

---

dieser Zeit so viele Werkstätten, in denen Künstler kostbare Objekte schufen, wie in Paris, dem kulturellen Zentrum Frankreichs. Einige, wie beispielsweise Lalique, waren berühmt für ihre einmalig schönen Schmuckstücke. Doch entwarfen Künsler hier auch Silbergerät, das ebenso exquisit in der Ausführung war. Eugène Feuillâtre (1870–1916) ist besonders bekannt für seine großen Objekte, die er auf unvergleichliche Weise emaillierte. Er wurde in der Werkstatt des berühmten Emailleurs Louis Houillon ausgebildet und arbeitete danach als Assistent bei Lalique. 1898 ließ er sein Meisterzeichen registrieren und nahm zum ersten Mal unter eigenem Namen an einer Ausstellung der *Société des Artistes Français* teil, eine Künstlerorganisation, die jährliche Ausstellungen für ihre Mitglieder organisierte. Feuillâtre nahm bis 1910 an all diesen Ausstellungen teil und hatte jedesmal großen Erfolg.[11] Die komplett emaillierte Vase (Kat. Nr. 23) mit ihrer naturalistischen Iris vor einem milchweißen, matten Hintergrund vermittelt einen guten Eindruck seines erstaunlichen Könnens.

In Deutschland war die Situation völlig anders. Dort waren einige Fürsten bestrebt, die kulturelle und ökonomische Situation in ihrem Land zu fördern. So lud Großherzog Ernst Ludwig 1899 sieben Künstler ein, sich in Darmstadt niederzulassen, darunter den Wiener Architekten Joseph Maria Olbrich (1867–1908), den Maler und Architekten Peter Behrens (1868–1940), den Maler Hans Christiansen (1866–1945) und den Innenarchitekten Patriz Huber (1878–1902). Seine Vorstellung war, daß diese Künstler Gebrauchsgegenstände entwerfen sollten, die durch hessische Fabrikanten produziert werden konnten. So realisierte die Silberwarenfabrik Martin Mayer in Mainz verschiedene einfache, kleine Entwürfe von Peter Behrens, Hans Christiansen (Kat.-Nr. 30) und Patriz Huber (Kat.-Nrn. 33 und 35). Die von Huber entworfenen Objekte mit auffallenden, sich verbreiternden, gebogenen Linien, wurden ein großer Erfolg und fanden viele Nachahmer (Kat.-Nr. 58).

Bing, oogstten veel succes. De kennismaking met Graaf Harry Kessler in dat zelfde jaar, bleek van groot belang voor zijn verdere toekomst, want in 1902 werd hij op diens voordracht door de Groothertog Wilhelm Ernst von Sachsen-Weimar benoemd tot adviseur voor de ambachtelijke en industriële bedrijven in dat gebied. Van de Velde wees machinale productie niet af, maar was wel van mening dat vormgeving en materiaalkeuze voor industriële producten aan kunstenaars moest worden overgelaten. Naar zijn mening konden goede producten slechts ontstaan indien kunstenaar, ambachtsman en fabrikant goed samenwerkten. Zijn ontwerpen voor groot zilver werden vanaf 1903 onder zijn toeziend oog vervaardigd in de werkplaats van de hofleverancier Theodor Müller in Weimar. Abstracte lineaire ornamenten in een licht reliëf accentueren de vloeiende vormen van zijn driedimensionale ontwerpen. Om deze zachte vormen niet te doorbreken werden de voorwerpen zo veel mogelijk uit één stuk gemaakt. Een jardinière die werd gekocht door de zuster van Harry Kessler, Wilma, die gehuwd was met Markies Christian de Brion, toont het bijzondere karakter van deze soepele vormen (cat. nr. 45). De plastische, abstracte lijndecoraties op de rand van een bord dat enkele jaren later in hetzelfde atelier werd gemaakt, ondersteunen de. hoofdvorm niet langer, maar zijn bedoeld om, net als bij de zeventiende-eeuwse kwabstijl, het schilderachtig spel van licht en schaduw te laten zien, een effect dat alleen in zilver is te realiseren (cat. nr. 60). Ook het zilver dat hij ontwierp voor Karl Ernst Osthaus in Hagen werd bij Müller in Weimar gemaakt. De idealistische bankierszoon Osthaus wilde van het Ruhrgebied een toonaangevend cultureel centrum maken. Daartoe stichtte hij in zijn geboortestad het Museum Folkwang dat in 1902 werd geopend. In 1909 werd in Hagen het *Königlich Preussisches Handfertigkeitsseminar* gevestigd. De Nederlandse edelsmid Frans Zwollo (1872–1945). werd aangesteld als vakdocent. Deze had daar-

wig's idea was to commission these artists to design utilitarian objects for factories in Hesse. The silverware factory of Martin Mayer in Mainz made some small pieces from designs by Peter Behrens, Hans Christiansen (cat. no. 30) and Patriz Huber (cat. nos. 33 and 35). The objects designed by Huber, notable for their flamboyantly tapering, curved lines, met with such success that they were frequently imitated (cat. no. 58). As far as is known, Huber signed all his designs so attribution of pieces to him is uncontested. Two designs for cutlery submitted by Peter Behrens were executed by the firm of Rückert, another Mainz manufacturer.

In Weimar, unlike Darmstadt, one man alone was responsible for the renewal of the decorative arts: the Belgian architect Henry van de Velde. Furniture by this artist was first shown in Germany in 1897 at the *Internationale Kunstausstellung Dresden*, where it created a sensation at the stand of the Paris gallery proprietor Bing, discussed above. An encounter with Harry, Count Kessler, that same year was instrumental in ensuring the artist's future. At Kessler's suggestion, van de Velde was hired in 1902 by Wilhelm Ernst, Grand Duke of Saxony-Weimar, as what would now be termed a consultant in matters concerning the crafts and industrial manufacture in Saxony. Although van de Velde was not opposed in principle to industrial manufacture of art objects, he did insist that design and choice of materials should be left to the artists concerned. In his view the only way of achieving aesthetic excellence and the highest standards of workmanship was for artists, craftsmen and industrialists to work closely together. His designs for large-scale objects in silver were executed in Weimar from 1903 under his supervision in the workshops of Theodor Müller, purveyor to the Saxon court. Abstract linear decoration in low relief emphasizes the flowing forms and plasticity of the objects van de

Soweit bekannt, sind alle Huber-Entwürfe signiert, so daß eine eindeutige Zuordnungen zu seinem Werk möglich ist. Bei der Firma Rückert, die ihren Sitz ebenfalls in Mainz hatte, wurden zwei Besteckentwürfe von Peter Behrens ausgeführt. Im Gegensatz zu Darmstadt war die künstlerische Erneuerung in Weimar das Werk eines einzelnen Mannes, des belgischen Architekten Henry van de Velde. Die Möbel dieses Künstlers wurden in Deutschland zum erstenmal 1897 mit großem Erfolg auf der *Internationalen Kunstausstellung Dresden* gezeigt, und zwar auf dem Stand des schon vorher erwähnten Pariser Galeristen Siegfried Bing. Die Bekanntschaft mit Harry Graf Kessler im selben Jahr war von großer Bedeutung für seine weitere Zukunft, denn 1902 wurde er auf dessen Vorschlag durch Großherzog Wilhelm Ernst von Sachsen-Weimar zum Ratgeber für handwerkliche und industrielle Betriebe in diesem Gebiet benannt. Van de Velde lehnte maschinelle Produktion nicht ab, aber er war der Auffassung, daß Gestaltung und Materialwahl der industriellen Produkte den Künstlern überlassen werden sollten. Seiner Meinung nach konnten gute Produkte nur dann entstehen, wenn Künstler, Handwerker und Fabrikant Hand in Hand arbeiteten. Seine Entwürfe für großes Silbergerät wurden ab 1903 unter seiner Aufsicht in den Werkstätten des Hoflieferanten Theodor Müller in Weimar angefertigt. Abstrakte Linien-Ornamente in einem leichten Relief betonen die fließenden Formen seiner dreidimensionalen Entwürfe. Um diese weichen Formen nicht zu durchbrechen, wurden die Entwürfe soweit wie möglich aus einem Stück hergestellt. Eine Jardiniere, die von Harry Graf Kesslers Schwester Wilma erworben wurde (sie war mit dem Marquis Christian de Brion verheiratet), zeigt den besonderen Charakter dieser geschmeidigen Formen (Kat.-Nr. 45). Die plastische, abstrakte Liniendekoration am Rand eines Tellers, der einige Jahre später im gleichen Atelier gefertigt wurde, unterstützt die Hauptform nicht länger, sondern ist dazu be-

naast ook de technische leiding van de *Hagener Silberschmiede*, een door Osthaus opgericht atelier.[12] Het zilver dat Zwollo daar vervaardigde was ontworpen door de eveneens uit Nederland afkomstige architect J.L.M. Lauweriks. Zwollo, die de moeilijke traditionele drijftechniek als geen ander beheerste, slaagde erin diens abstracte ontwerptekeningen te 'vertalen' in fascinerende driedimensionale gebruiksvoorwerpen waarbij vorm en ornament niet meer van elkaar te scheiden zijn (cat. nr. 78). In 1914 keerde hij terug naar Nederland, vestigde zich als zilversmid in Den Haag en werd benoemd tot leraar aan de Academie voor Beeldende Kunsten.

In Nederland heeft de internationale Art Nouveau met de karakteristieke naturalistische motieven en zweepslaglijnen slechts weinig opgang gemaakt. Het werk van de Amsterdamse edelsmid Jan W. Eisenloeffel (1876–1957) is van heel andere aard. Hij trachtte met zeer verrassende ontwerpen te komen tot nieuwe, zuivere vormen. In deze baanbrekende ontwerpen worden de specifieke functies benadrukt, van de onderdelen waaruit een gebruiksvoorwerp is samengesteld. Daarom monteerde hij bijvoorbeeld tuiten, hengsels en oren met klinknagels aan een pot, iets wat ook in de Japanse edelsmeedkunst veelvuldig werd gedaan (cat. nr. 9). Ook was hij van mening dat

een mooie vorm geen opvallende versieringen nodig had. Geciseleerde, parallel lopende lijnen en ajour gezaagde of geëmailleerde, onopvallende geometrische ornamenten zoals rechthoeken, vierkanten en cirkels waren voldoende. Dergelijke eenvoudige decoraties had hij gezien in een Japans boekje met oude familiewapens, dat in zijn bezit was (afb. 4).[13] Reeds op de wereldtentoonstelling in Parijs in 1900 trokken zijn opvallende ontwerpen alom de aandacht werd zijn werk in diverse buitenlandse tijdschriften afgebeeld.[14] In Duitsland was het voor het eerst te zien op de *Internationale Kunstausstellung* in Dresden in 1901; het werd in datzelfde jaar ook al verkocht

---

Velde designed. To ensure such supple forms reflected the integrity with which they were designed, van de Velde objects were made as far as possible in one piece. A jardinière, acquired by Count Harry Kessler's sister Wilma (who was married to the Marquis Christian de Brion), exemplifies the forcefulness of these sinuous forms (cat. no. 45). The raised, abstract linear decoration on the edge of a plate made a few years later by the same studio no longer echoes the dominant shape. Instead, as in 17th-century auricular style, it emphasizes the painterly interaction of light and shade, an effect that can only be achieved in silver (cat. no. 60). The silver of de Velde designed for Karl Ernst Osthaus in Hagen was also made by Müller in Weimar.

The idealistic scion of a banking house, Karl Ernst Osthaus dreamed of turning the Ruhr area into a trend-setting cultural centre. To further his far-reaching plans, he endowed the Folkwang Museum, inaugurated in 1902 in his native Essen. Then the *Königlich Preussische Handfertigkeitsseminar* was founded in Hagen in 1909 to train craftsmen. The Dutch silversmith Frans Zwollo (1872–1945) was invited to teach there as a specialist instructor. He later became Technical Director of the *Hagener Silberschmiede*, a silversmiths' workshop which was also founded by Osthaus.[12] The silver made there by Zwollo was designed by the Dutch architect J.L.M. Lauweriks. Second to none in the exacting techniques of chasing and repoussé, Zwollo was masterly at translating the architect's drawings of abstract designs into excitingly decorative utilitarian objects. In Zwollo's work, shape and ornament are fused into an entirely satisfying aesthetic whole (cat. no. 78). Zwollo returned to the Netherlands in 1914, where he settled in The Hague as a silversmith and taught at the *Academie voor Beeldende Kunsten*.

---

stimmt, ebenso wie bei den im 17. Jahrhundert gebräuchlichen Knorpelornamenten, das malerische Spiel von Licht und Schatten zu zeigen, ein Effekt, der sich nur in Silber verwirklichen läßt (Kat.-Nr. 60). Auch das Silber, das er für Karl Ernst Osthaus in Hagen entworfen hatte, wurde bei Müller in Weimar gefertigt.

Der idealistisch veranlagte Bankierssohn Osthaus wollte aus dem Ruhrgebiet ein tonangebendes kulturelles Zentrum machen. Zu diesem Zweck stiftete er seiner Heimatstadt Essen das Folkwang-Museum, das 1902 eröffnet wurde. 1909 wurde in Hagen das Königlich Preussische Handfertigkeitsseminar gegründet. Der Niederländische Silberschmied Frans Zwollo (1872–1945) wurde als Fachlehrer berufen und übernahm in der Folge auch die technische Leitung der Hagener Silberschmiede, eine von Osthaus gegründete Werkstätte.[12] Das Silbergerät, das Zwollo dort herstellte, wurde von dem ebenfalls aus den Niederlanden stammenden Architekten J.L.M. Lauweriks entworfen. Zwollo, der die schwierige Technik des Treibens wie kein Anderer beherrschte, war ein Meister in der Umsetzung von dessen abstrakten Entwurfszeichnungen in faszinierende dreidimensionale Gebrauchsgegenstände, wobei Form und Ornament nicht mehr zu trennen waren (Kat.-Nr. 78). 1914 kehrte er in die Niederlande zurück, ließ sich als Silberschmied in Den Haag nieder und wurde als Lehrer an die *Academie voor Beeldende Kunsten* berufen.

In den Niederlanden hat der internationale Jugendstil mit seinen naturalistischen Motiven und seinem „Peitschenhiebdekor" keinen Anklang gefunden. Das Werk des Amsterdamer Silberschmieds Jan W. Eisenloeffel (1876–1957) ist von ganz anderer Art. Er strebte mit sehr überraschenden Entwürfen zu neuen, reinen Formen und suchte die Einzelteile in ihren spezifischen Funktionen herauszustellen. So montierte er beispielsweise Tüllen, Scharniere und Henkel mit Nieten an den Korpus, eine Technik, die auch in der japanischen

in het *Hohenzollern-Kunstgewerbehaus* in Berlijn. Het waren kostbare, uit de hand gemaakte voorwerpen, hetgeen ook in de licht gehamerde oppervlaktestructuur tot uiting komt (cat. nr. 36). Zij zijn vervaardigd in de werkplaats van de firma Hoeker en Zoon in Amsterdam, waar Eisenloeffel in dienst was. Begin 1902 vestigde Eisenloeffel zich als zelfstandig edelsmid in Amsterdam en voerde in samenwerking met J.C. Stoffels enkele zilverontwerpen uit (cat. nrs. 43, 44).

Een jaar nadat het opvallende werk van Eisenloeffel voor het eerst in Parijs werd geëxposeerd, ontwierp ook de Oostenrijkse architect Josef Hoffmann (1870–1956) enkele opmerkelijke uit bol-len en ellipsen geconstrueerde voorwerpen. Hij keerde zich tegen de florale Art Nouveau, die ook in Oostenrijk grote opgang had gemaakt. In 1903 richtte hij met de graficus en schilder Koloman Moser (1868–1918) en met financiële steun van de bankier Fritz Wärndorfer de *Wiener Werkstätte* op. In navolging van Ashbee, wiens werk op tentoonstellingen in Wenen veel opzien baarde, werkten ook hier ontwerper en uitvoerder nauw samen. De voorwerpen van de *Guild of Handicraft* werden gemaakt door zilversmeden in opleiding en zijn soms enigszins primitief afgewerkt (cat. nr. 16). De zilversmeden in Wenen daarentegen waren ervaren, goedgetrainde zilversmeden, die geraffi-neerde en soms moeilijke vormen perfect konden uitvoeren. Hoffmann en Moser hadden grote waardering voor dit vakmanschap. Mogelijk is dat de reden dat op voorwerpen die vóór ongeveer 1912 zijn gemaakt, dikwijls zowel het monogram van de ontwerper als dat van de zilversmid is geslagen. In de eerste jaren dat de Wiener Werkstätte bestonden was de vorm van de objecten veelal gebaseerd op stereometrische vormen zoals de kubus, de bol en de cilinder. Ondanks het eenvoudige uiterlijk waren het kostbare uit de hand gemaakte voorwerpen, die in kleine oplagen werden gemaakt. Zo zijn er van het bekertje (cat. nr. 50) in 1904 slechts drie exemplaren gemaakt en

International Art Nouveau, with its naturalistic motifs and 'whip-lash decoration' met with little or no response in the Netherlands. The work done by the Amsterdam silversmith Jan W. Eisenloeffel (1876–1957) is entirely different in character to the international style. With his astonishing designs he sought to achieve new, pure forms and to emphasize the individual elements in their specific functions. He mounted spouts, hinges and handles on vessels by riveting them on, a technique which was also widely used by Japanese silversmiths (cat. no. 9). Eisenloeffel advocated a conception of form that needed no embellishment to be beautiful. Chased parallel lines and unobtrusive enamelled or sawn *ajouré* (openwork) geometric patterns like rectangles, squares and circles were to him perfectly satisfying. Further, he had found other similarly simple elements of decoration in a Japanese book he owned on old family *mon* or heraldic badges (fig. 4).[13] His designs had already attracted attention at the 1900 Paris Exhibition and his work was published in various journals abroad.[14] In Germany pieces he designed were exhibited for the first time in the 1901 *Internationale Kunstausstellung* in Dresden; that same year they were also being sold in the *Hohenzollern-Kunstgewerbehaus* in Berlin. The pieces in question were costly and hand-crafted, a circumstance deliberately emphasized in lightly beaten surfaces (cat. no. 36). They were made in the Amsterdam workshop of the firm of Hoeker en Zoon, where Eisenloeffel was employed. Early in 1902, however, Eisenloeffel set up an establishment of his own as an independent silversmith and collaborated with J. C. Stoffels on executing designs for silver other than cutlery (cat. nos. 43, 44).

A year after Eisenloeffel's striking work was first exhibited in Paris, the Austrian architect Josef Hoffmann (1870–1956) was designing superb objects based formally on spheres and ellip-

Silberschmiedekunst verbreitet war (Kat.-Nr. 9). Eisenloeffel vertrat die Auffassung, daß eine schöne Form keine Verzierung brauche. Ziselierte, parallel verlaufende Linien und *ajour* gesägte oder emaillierte, unauffällige geometrische Ornamente wie Rechtecke, Quadrate und Kreise waren ihm vollauf genug. Ähnlich einfache Dekorationselemente hatte er in einem japanischen Buch über alte Familienwappen gefunden, das sich in seinem Besitz befand (Abb. 4).[13] Schon auf der Weltausstellung 1900 in Paris erregten seine Entwürfe Aufmerksamkeit, und seine Arbeiten wurden in verschiedenen ausländischen Zeitschriften publiziert.[14] In Deutschland waren sie zum erstenmal 1901 auf der *Internationalen Kunstausstellung* in Dresden zu sehen; im gleichen Jahr wurden sie auch im Hohenzollern-Kunstgewerbehaus in Berlin verkauft. Es handelte sich um kostbare, handgefertigte Gegenstände, was auch in der leicht gehämmerten Oberfläche seinen Ausdruck fand (Kat.-Nr. 36). Sie wurden in der Werkstatt der Firma Hoeker en Zoon in Amsterdam hergestellt, wo Eisenloeffel angestellt war. Anfang 1902 ließ sich Eisenloeffel als selbständiger Silberschmied nieder und führte in Zusammenarbeit mit J.C. Stoffels einige Entwürfe für Silbergerät aus (Kat.-Nrn. 43, 44).

Ein Jahr nachdem die auffälligen Arbeiten von Eisenloeffel zum erstenmal in Paris ausgestellt wurden, entwarf der österreichische Architekt Josef Hoffmann (1870–1956) einige herausragende, aus Kugeln und Ellipsen konstruierte Objekte. Er wandte sich gegen den floralen Jugendstil, der in Österreich großen Anklang fand. 1903 gründete er zusammen mit dem Maler und Graphiker Koloman Moser (1868–1918) und mit finanzieller Hilfe des Bankiers Fritz Wärndorfer die Wiener Werkstätte. Wie bei Ashbee, dessen Werk in Wien auf Ausstellungen für Aufsehen sorgte, arbeiteten auch hier Gestalter und Hersteller eng zusammen. Doch während die Objekte der *Guild of Handicraft*

is de kaviaarschaal (cat. nr. 65) tot 1910 slechts vier maal geproduceerd.[15] Dergelijke exclusieve voorwerpen worden slechts gewaardeerd door een kleine, maar kapitaalkrachtige klantenkring. Bij de voorwerpen met gestanste spijlen, rechthoeken en vierkantjes lag dit anders; deze waren zo succesvol, dat het plaatmateriaal weldra als halffabrikaat door derden werd geleverd (cat. nr. 67). Deze rasterobjecten waren in drie uitvoeringen te koop: in zilver, verzilverd en in witgelakt metaal.

Na een zakelijk verschil van mening met Wärndorfer, verliet Koloman Moser in 1907 de *Wiener Werkstätte*. Geleidelijk werden de constructieve onversierde vormen vervangen door minder rigide vormen met cannelures, getorste facetten en naturalistische ornamenten, als klokjesbloemen en hartvormige blaadjes. De vormgeving van de *Wiener Werkstätte* sloeg een geheel nieuwe richting in, maar ook deze vormde voor velen een bron van inspiratie.

De hierboven genoemde ontwerpers en zilversmeden werkten voor een kleine klantenkring. Zij hadden gebroken met het historisme en een nieuwe stijl geïntroduceerd, hetzij door de toepassing van nieuwe decoraties, hetzij door het ontwerpen van moderne vormen. Fabrikanten, altijd op zoek naar iets nieuws, zagen dat zij niet konden achterblijven en maakten dankbaar gebruik van de nieuwe vormentaal. Daar zij hun producten echter via juweliers aan anonieme klanten verkochten, moesten zij rekening houden met de meestal conservatieve smaak van het publiek. In de meeste fabrieken heeft de zilverproductie altijd voor het grootste deel bestaan uit voorwerpen in traditionele, historiserende stijlen. Het aantal voorwerpen in een moderne vormgeving was, met uitzondering van schepwerk, uiterst gering en werd slechts in zeer kleine oplagen geproduceerd. Ouderwets of modern, alles werd ontworpen door anonieme tekenaars die in vaste dienst waren en voorwerpen konden tekenen in iedere gewenste stijl. Daar de ontwerper niet verantwoordelijk was

soids. He utterly rejected the floral Jugendstil which was so acclaimed in Austria at the time. In 1903, with the financial backing of the banker Fritz Wärndorfer, Hoffmann founded the *Wiener Werkstätte* together with the painter and graphic artist Koloman Moser (1868–1918). Like Ashbee, whose work had created such a sensation at exhibitions in Vienna, Hoffmann and Moser exemplified close collaboration between designer and maker. However, whereas objects were made in the Guild of Handicraft by silversmiths who were still in training and were, therefore, sometimes very modest in execution (cat. no. 16), Viennese silversmiths were both well trained and experienced; they executed sophisticated and often difficult designs with consummate artistry. Hoffmann and Moser valued such skills above all else. This may go some way to explaining why Viennese designs made until about 1912 often bore both the designer's and the silversmith's monograms. In the early years at the *Wiener Werkstätte* the basic design principle tended to centre on such elemental geometric shapes as the cube, the sphere and the cylinder. Nonetheless, for all their austere appearance, these pieces were exquisitely handcrafted and only made in very limited editions. Only four exemplars were made of the beaker (cat. no. 50) in 1904 and only four of the caviare dish (cat. no. 65) had been made by 1910.[15] Only a small but very rich clientele could afford objects as elegant as these. In contrast, work with stamped rods, rectangles and squares was a different matter altogether. Such pieces were so successful on the market that blanks were bought in as half-finished ware to be finished in the workshop (cat. no. 67). These standardized pieces were sold in three versions: in silver, electro-plate and in white lacquered metal. After disagreements with Wärndorfer on the conduct of business, Koloman Moser left the *Wiener Werkstätte* in 1907. At the same time

von Silberschmieden in der Ausbildung gefertigt wurden und daher manchmal in der Ausführung etwas unbeholfen sind (Kat.-Nr. 16), waren die Wiener Silberschmiede erfahren und gut geschult; sie konnten die raffinierten und häufig schwierigen Entwürfe perfekt umsetzen. Hoffmann und Moser legten großen Wert auf diese Fertigkeiten. Möglicherweise ist das der Grund dafür, weshalb die Entwürfe, die bis etwa 1912 entstanden, häufig sowohl mit dem Monogramm des Entwerfers, als auch mit dem des Silberschmieds versehen sind. In den ersten Jahren der Wiener Werkstätte basierte die Gestaltung der Objekte gewöhnlich auf geometrischen Grundformen wie Würfel, Kugel und Zylinder. Trotz der schlichten Erscheinung, handelte es sich um kostbare, von Hand gefertigte Gegenstände, die in kleinen Auflagen hergestellt wurden. So stellte man von den Bechern (Kat.-Nr. 50) im Jahre 1904 lediglich drei Exemplare her, von der Kaviarschale (Kat.-Nr. 65) wurden bis 1910 ebenfalls nur vier Stück produziert.[15] Derart exklusive Gegenstände waren nur einem kleinen, aber kapitalkräftigen Kundenkreis erschwinglich. Bei den Arbeiten mit gestanzten Stäben, Rechtecken und Quadraten war das anders. Diese waren so erfolgreich, daß das Plattenmaterial schon als Halbfabrikat bezogen wurde (Kat.-Nr. 67). Diese Rasterobjekte wurden in drei Ausführungen angeboten: in Silber, versilbert, und in weiß lackiertem Metall. Nach geschäftlichen Meinungsverschiedenheiten mit Wärndorfer, verließ Koloman Moser 1907 die Wiener Werkstätte. Gleichzeitig wurden die konstruktiven, unverzierten Formen durch weniger strenge Formen mit Kanneluren, tordierten Facetten und naturalistischen Elementen, wie Glockenblumen und herzförmige Blätter, ersetzt. Die künstlerische Linie der Wiener Werkstätte schlug eine völlig neue Richtung ein, aber auch diese war für viele andere Entwerfer eine Quelle der Inspiration. Fabrikanten, immer auf der Suche nach Neuem, erkannten, daß sie die neue Formensprache nutzen mußten und machten von ihr dankbar Gebrauch.

voor het eindproduct, was zijn naam niet belangrijk. De klant moest een gegarandeerd en goed product kunnen kopen en daarvoor gaf het merk van een bekende fabriek een betere garantie dan de naam van een onbekende kunstenaar. Dit veranderde geleidelijk en na 1900 werd het voor fabrikanten uit publiciteitsoogpunt steeds aantrekkelijker de namen van freelance kunstenaars te vermelden.

Het zilver dat rond 1895 in de werkplaatsen van E. Puiforcat in Parijs, Wolfers Frères in Brussel en C. J. Begeer in Utrecht werd gemaakt, laat zien dat de overgang van het Historisme naar de Art Nouveau geleidelijk verloopt. Moderne florale orna-menten zijn hier nog gecombineerd met oude en vertrouwde neo-rococoranden (cat. nrs. 6, 7, 12). De productie van art nouveau-zilver door de firma E. Puiforcat is nauwelijks bekend en was vermoedelijk uiterst beperkt. Veel bekender zijn de namen van Parijse zilverfabrikanten zoals Cardeilhac, Christofle en Debain (cat. nrs. 18, 19 en 21). Zij werkten samen met gerenommeerde freelance kunstenaars als Lucien Bonvallet en Valéry Bizouard en toonden hun vernieuwende zilverontwerpen in 1900 op de wereldtentoonstelling in Parijs en op de exposities van de *Société des Artistes Français*. Als decor gebruikten deze ontwerpers duidelijk herkenbare bloemen met langgerekte gebogen bladeren, zoals irissen en lelietjes van dalen. Ook chrysanten en veldbloemen zoals margrieten en paardebloemen waren geliefd als decoratie. Geen enkele bloem werd in die tijd echter zoveel afgebeeld als de papaver. Behalve deze bekende fabrikanten waren er die tijd in Parijs nog vele andere zilverbedrijven gevestigd. Toen de Art Nouveau een commercieel succes bleek, lieten zij zich ook niet onbetuigd en vervaardigden diverse veelal kleinere objecten zoals servetringen, kinderbekers en schepwerk met naturalistische florale decoraties. Een voorbeeld van een dergelijke fabriek is het tegenwoordig vrijwel onbekende Maison Lefèbvre. Reeds vóór 1906 zijn diverse

---

functional, undecorated forms were being supplanted by less stringently austere designs boasting flutes and grooves, twisted facets and such naturalistic elements as bluebells and heart-shaped leaves. This aesthetic represented an entirely new departure for the *Wiener Werkstätte* yet it was also a source of inspiration for many other designers.

Always on the lookout for something new, industrial manufacturers of silver realized that they would have to turn the new formal idiom to their advantage and were eager to do so. However, since they sold their products to the public through jewellers, they were also constrained to take the prevailing taste of the broad public into account and it was conservative. In most factories, therefore, product lines in functional and decorative silver objects were still in the traditional, Historicizing style. With the exception of cutlery, very few pieces in all were manufactured according to the principles of modern design and each such piece was limited to very small editions.

Whether old-fashioned or modern – pieces tended for the most part to be designed by unknowns employed by factories who could execute designs in any style desired. Since the designer was not responsible for the end product, his name was not important. Clients had to be supplied with good, guaranteed merchandise and the mark of a reputable firm provided the best warranty. Things gradually changed, however. After 1900 it became increasingly attractive for manufacturers to list the work of independent artists by name for advertising purposes.

Silver made ca 1895 in the workshops of E. Puiforcat in Paris, Wolfers Frères in Brussels and C. J. Begeer in Utrecht shows that the transition from Historicism to Art Nouveau was a gradual one.

Modern floral ornament was still being combined in these workshops with the old, familiar

---

Da sie jedoch ihre Produkte über Juweliere an die Kunden verkauften, mußten sie zugleich dem überwiegend konservativen Geschmack des breiten Publikums Rechnung tragen. In den meisten Fabriken bestand die Silbergeräteproduktion daher zum größten Teil aus Gegenständen in traditionellem, historisierendem Stil. Die Anzahl an Gerät in moderner Gestaltung war, mit Ausnahme von Bestecken, äußerst gering und wurde lediglich in sehr kleinen Auflagen hergestellt.

Altmodisch oder modern – alles wurde von meist nicht bekannten Designern entworfen, die fest angestellt waren und einen Entwurf in jedem gewünschten Stil zeichnen konnten. Da der Entwerfer nicht für das Endprodukt verantwortlich war, war sein Name auch nicht wichtig. Der Kunde mußte ein gutes, garantiertes Produkt kaufen können, und dafür leistete die Marke einer bekannte Firma die bessere Gewähr. Dies veränderte sich allmählich. Nach 1900 wurde es für die Fabrikanten aus Gründen der Publizität immer attraktiver, den Namen eines unabhängigen Künstlers zu nennen. Das Silber, das um 1895 in den Werkstätten von E. Puiforcat in Paris, Wolfers Frères in Brüssel und C. J. Begeer in Utrecht hergestellt wurde, zeigt, daß der Übergang vom Historismus zum Jugendstil gleitend verläuft. Moderne florale Ornamente werden hier noch kombiniert mit alten, vertrauten Neo-Rokoko-Rändern (vgl. z. B. Kat.-Nrn. 6, 7, 12). Die Produktion von Jugendstilsilber durch die Firma E. Puiforcat ist kaum bekannt und war vermutlich auch sehr begrenzt.

Viel bekannter sind Namen der Pariser Silberwarenfabrikanten wie Cardeilhac, Christofle und Debain (Kat.-Nrn. 18, 19, und 21). Sie arbeiteten mit renommierten unabhängigen Künstlern wie Lucien Bonvallet und Valéry Bizouard zusammen und zeigten deren neue Silberentwürfe auf der Weltausstellung 1900 in Paris und auf den Ausstellungen der *Société des Artistes Français*. Als Dekor verwendeten diese Gestalter eindeutig bestimmbare Blumen mit langen gebogenen Blättern wie

objecten van deze firma in Nederland verkocht (cat. nrs. 24, 25).[16]

Tussen al dit florale Franse zilver vielen de gladde ongedecoreerde objecten van de firma Gustav Keller Frères extra op. Er werd dan ook veel geschreven over de organische vormen van deze fraaie gedreven kannen met ongedecoreerde soepele gewelfde contouren. Sommige auteurs waren gechoqueerd door deze gewaagde vormen terwijl anderen daarentegen de baanbrekende moderne vormgeving juist prezen. De in deze catalogus afgebeelde kan (cat. nr. 22) lijkt een zeer moderne versie van het elegante Franse zilver uit de achttiende eeuw.

Ook voor de veelzijdige Belgische zilversmid en beeldhouwer Philippe Wolfers (1858–1929) uit Brussel vormde de natuur een bron van inspiratie. Hij is vooral bekend geworden door zijn fantasievolle juwelen, maar heeft zich ook intensief beziggehouden met zilver. Nadat hij zijn tekenopleiding aan de Koninklijke Academie in Brussel had voltooid, begon hij in 1875 met zijn werkzaamheden in het door zijn vader opgerichte familiebedrijf. Na het overlijden van zijn vader in 1892 werd hij artistiek directeur van de firma, die hij met zijn twee broers leidde. Hij was verantwoordelijk voor de Art Nouveau-ontwerpen die tussen circa 1895 en 1905 in de fabriek Wolfers Frères

werden geproduceerd. Niet alleen de eerder genoemde bloemen werden verwerkt, maar ook exotische orchideeën komen opvallend vaak voor, evenals wilde planten uit zijn eigen omgeving, zoals lisdodden en berenklauwen (cat. nr. 28). Op deze serieproducten is altijd het fabrieksmerk geslagen. De weinige zilveren unica die hij in zijn eigen atelier maakte, zijn gemerkt 'Exemplaire Unique' en voorzien van zijn ontwerpmonogram. In de jaren tussen 1905 en 1925 werkte hij als beeldhouwer en heeft hij geen zilver meer ontworpen.

Arthur Lasenby Liberty (1843–1917), van oorsprong een handelaar in Japanse kunst en de

Neo-Rococo edging (cf., for instance, cat. nos. 6, 7, 12). As far as is known, the firm of E. Puiforcat produced almost no Art Nouveau silver and if it did so, presumably on a very limited basis.

Far better known as makers of modern silver were Paris silverware manufacturers like Cardeilhac, Christofle and Debain (cat. nos. 18, 19, and 21). They worked with celebrated independent artists like Lucien Bonvallet and Valéry Bizouard and showed their new silver designs at the 1900 Paris Exhibition as well as exhibitions mounted by the *Société des Artistes Français*. These designers used ornamental motifs which were

clearly recognisable as flowers like the iris and lilies of the valley with long, curving foliage. Chrysanthemums and such wild flowers as daisies and dandelions were also popular as decoration. No floral motif, however, was so frequently reproduced at this time as the poppy. The well known makers mentioned above were not the only silverware manufacturers to have established themselves in Paris at that time. When Art Nouveau and Jugendstil had become commercially viable, these firms took up the new forms and made a variety of, for the most part, small objects such as napkin rings and children's beakers and cutlery with naturalistic

floral decoration. One such firm was Maison Lefèbvre, a name which is not so well known today. Even before 1906 objects made by this firm were being sold in the Netherlands (cat. nos. 24, 25).[16]

In the midst of all this floral French silver, the stringently austere pieces made by the firm of Gustav Keller Frères stood out as exceptional. Much has been written on the organic forms of their hand-beaten jugs, which are memorable for undecorated, elegantly swelling contours. Some authors were shocked at the bold forms; others, however, praised this work as seminal modern design. The jug reproduced in the pres-

Iris und Maiglöckchen. Auch Chrysanthemen oder Feldblumen wie Margeriten und Löwenzahn waren als Dekor beliebt. Kein Blumenmotiv jedoch wurde in dieser Zeit so häufig abgebildet wie der Mohn. Außer diesen bekannten Herstellern hatten sich im Paris dieser Zeit noch viele andere Silberwarenbetriebe etabliert. Als der Jugendstil auch zum kommerziellen Erfolg wurde, nahmen diese Betriebe die neuen Formen auf und fertigten verschiedene, vor allem kleinere Objekte wie Serviettenringe, Kinderbecher und Besteck mit naturalistischem, floralem Dekor. Ein Beispiel für eine solche Fabrik ist die heute eher unbekannte Maison Lefèbvre. Schon vor 1906 wurden einige

Objekte dieser Firma auch in den Niederlanden verkauft (Kat.-Nrn. 24, 25).[16]

Zwischen all diesem floralen französischen Silber stachen die klaren, schlichten Arbeiten der Firma Gustav Keller Frères besonders hervor. Über die organischen Formen dieser frei getriebenen Kannen mit dekorlosen, elegant gewölbten Konturen wurde viel geschrieben. Einige Autoren waren schokkiert von den gewagten Formen, andere dagegen lobten die bahnbrechende moderne Gestaltung. Die in diesem Katalog abgebildete Kanne (Kat.-Nr. 22) läßt sich als eine sehr moderne Version des eleganten französischen Silbers aus dem 18. Jahrhundert begreifen.

Auch für den vielseitigen belgischen Silberschmied und Bildhauer Philippe Wolfers (1858–1929) aus Brüssel war die Natur Quelle der Inspiration. Er wurde zwar vor allem durch seinen phantasievollen Schmuck bekannt, befaßte sich aber auch intensiv mit Silbergerät. Nach seiner Ausbildung im Zeichnen an der *Koninklijke Academie* in Brüssel, begann er 1875 mit seiner Arbeit in dem von seinem Vater gegründeten Betrieb. Nach dessen Tod im Jahre 1892 wurde er künstlerischer Direk-tor der Firma, die er zusammen mit seinen zwei Brüdern leitete. Er war verantwortlich für die Jugendstil-Entwürfe die zwischen ca. 1895 und 1905 in der Fabrik Wolfers Frères produziert wur-

oprichter van het nog steeds bestaande warenhuis in Londen, introduceerde in 1899 zijn 'new school of silverware' onder de naam *Cymric*[17], de Keltische naam voor Wales. Om deze oude oorsprong te benadrukken vindt men op een deel van de Liberty-productie dan ook ornamenten met ingewikkelde dooreengevlochten lijnmotieven en Keltische knopen. Voor de productie van het *Cymric* zilver had Liberty een overeenkomst gesloten met de firma W. H. Haseler, een zilverfabrikant uit Birmingham. Op het daar geproduceerde zilver werd niet zoals te doen gebruikelijk diens meesterteken geslagen, maar het merk van de firma Liberty in combinatie met het stadskeur van Birmingham.

Archibald Knox (1864–1933) is weliswaar de bekendste en meest productieve ontwerper voor de firma Liberty geweest, maar hij was zeker niet de enige die met zijn originele ontwerpen een bijdrage heeft geleverd aan de populariteit van dit zilver. Net als de fabrikanten heeft ook Liberty slechts zelden de namen vermeld van kunstenaars die voor hem hebben gewerkt, zodat het, ondanks uitgebreid onderzoek, in veel gevallen nog steeds niet mogelijk blijkt om het ontwerp met zekerheid toe te schrijven aan een bepaalde kunstenaar (cat. nrs. 13, 15, 31 en 42). Het Liberty-zilver vertoont overeenkomsten met dat van de *Guild of Handicraft*. Zo werd in beide werkplaatsen zilver ver-

vaardigd met een mat, licht gehamerd oppervlak; bij Ashbee om te laten zien dat het handwerk was, bij Liberty is dit pure decoratie, want er is geen sprake meer van handwerk. Ook gebruikten beide firma's edelstenen en emaildecoraties.
De uiterst succesvolle commerciële activiteiten van Liberty waren Ashbee een doorn in het oog; zo omschreef hij zijn concurrent ooit als 'Messrs. Nobody, Novelty & Co'.[18]
In Duitsland was de firma P. Bruckmann & Söhne in Heilbronn de oudste (opgericht in 1805) en grootste zilverfabriek van het land. Toen in 1887 de derde generatie de leiding kreeg van de fabriek bloeide het historisme, de 'grosse Stilrepetierkur-

ent catalogue (cat. no. 22) is best understood as a modern version of the elegant silver made in France during the 18th century.
The versatile and prolific Brussels silversmith and sculptor Philippe Wolfers (1858–1929) also drew on nature as his chief source of inspiration. Celebrated for his exquisitely imaginative jewellery, he also worked extensively in silver. After training as a draughtsman at the *Koninklijke Academie* in Brussels, he started working in 1875 in the firm founded by his father. On his father's death in 1892, he became art director of the firm, which he and his two brothers managed. Philippe Wolfers was responsible for

the Art Nouveau designs which were produced between ca 1895 and 1905 by Wolfers Frères. Motifs which recurred with notable frequency were, in addition to those already mentioned, exotic ones and familiar wild flora endemic to the Belgian countryside such as cat-tails (bulrush) and hogweed (cat. no. 28). These pieces are industrial products which always bear the maker's mark. The few individual pieces Philippe Wolfers made in his own studio are stamped 'Exemplaire Unique' and bear the designer's monogram. Between 1905 and 1925 Philippe Wolfers worked on sculpture and no longer designed silver.

In 1899 Arthur Lasenby Liberty (1843–1917), originally a dealer in Japanese art and the founder of the venerable and stylish London department store, inaugurated what he called a 'new school of silverware' with the launching of his line in *Cymric* ware.[17] The Celtic name for Wales, this designation is underscored on some Liberty pieces by ornaments formed from complex linear interlace motifs and Celtic knots. To produce *Cymric* ware, Liberty had concluded a contract with the firm of W.H. Haseler, makers of silverware in Birmingham. Unusually, the maker's mark of W.H. Haseler was not struck on silver they produced for Liberty; instead it bore

den. Nicht nur die schon genannten Blumen, auch exotische Motive und wilde Pflanzen aus seiner eigenen Umgebung, wie Rohrkolben und Bärenklau, wurden auffallend oft verwendet (Kat.-Nr. 28). Die Serienprodukte sind immer mit der Herstellermarke versehen. Die wenigen silbernen Einzelstücke, die er in seinem eigenen Atelier anfertigte, sind mit dem Stempel „Exemplaire Unique" und dem Entwerfermonogramm versehen. In den Jahren zwischen 1905 und 1925 arbeitete er als Bildhauer und entwarf kein Silbergerät mehr.
Arthur Lasenby Liberty (1843–1917), ursprünglich Händler mit japanischer Kunst und Gründer des noch heute bestehenden Warenhauses in Lon-

don, eröffnete 1899 seine „new school of silverware" unter dem Namen *Cymric*[17], der keltische Name für Wales. Um diesen alten Ursprung zu betonen, findet man auf einem Teil der Liberty-Produktion auch Ornamente aus komplizierten, miteinander verflochtenen Linienmotiven und keltischen Knoten. Für die Produktion des *Cymric*-Silbers hatte Liberty eine Abmachung mit der Firma W.H. Haseler getroffen, einem Silberwarenfabrikanten aus Birmingham. Auf das dort produzierte Silber wurde nicht, wie sonst gebräuchlich, das Meisterzeichen W.H. Haselers geschlagen, sondern die Marke der Firma Liberty in Kombination mit dem Stadtstempel von Birmingham.

Archibald Knox (1864–1933) ist gewiß der bekannteste und produktivste Entwerfer der Firma Liberty, doch war er sicher nicht der einzige, der mit seinen originellen Entwürfen einen Beitrag zur Popularität dieser Objekte geleistet hat. Ebenso wie die Fabriken nannte auch Liberty nur selten die Namen der für die Firma arbeitenden Künstler; trotz weitergehender Untersuchungen ist es daher in vielen Fällen noch immer nicht möglich, die Entwürfe mit Sicherheit bestimmten Künstlern zuzuschreiben (Kat.-Nrn. 13, 15, 31 und 42). Das Liberty-Silber weist Übereinstimmungen mit dem der *Guild of Handicraft* auf. So wurde in beiden Werkstätten das Silbergerät mit einer leicht

sus der Kunstindustrie'[19], nog in volle hevigheid. Peter Bruckmann (1865–1937) wilde hieraan een einde maken door een synthese tot stand brengen van kunstzinnige vormen en commerciële eisen, zodat de vormgeving en kwaliteit van eenvoudige gebruiksvoorwerpen zou verbeteren (cat. nrs. 52, 53). Ook een groot aantal freelance kunstenaars heeft op zijn verzoek zilver ontworpen, meestal voor speciale tentoonstellingen. Deze kunstenaarsontwerpen waren zelden een commercieel succes. De vormen waren extravagant, technisch moeilijk uit te voeren en uiterst kostbaar (afb. 6). In de fabriek werd niet alleen groot zilver gemaakt, maar ook heel veel schepwerk, zowel naar ontwerpen van eigen tekenaars als van freelance kunstenaars. Veel succes had de firma met een bestek dat in 1901/02 door Hans Christiansen uit Darmstadt was ontworpen. Dit elegant gevormde model met een evenwichtig lijnendecor werd ook in het buitenland verkocht, en lang niet altijd met het fabrieksmerk van Bruckmann. (cat. nrs. 40a en 40b). Bij de schepwerkproductie werden wel de decoraties gemoderniseerd, maar de vorm van de bakken en stelen is over het algemeen klassiek, dit in tegenstelling tot bijvoorbeeld de innoverende vormgeving van bestekken die de Schotse architect Charles Rennie Mackintosh (1868–1928) heeft ontworpen voor de befaamde *tearooms* van Miss Cranston in Glasgow. Bij een van deze modellen, dat rond 1905 is ontworpen, hebben de lepels ondiepe, ronde bakken en vlakke rechte stelen met een plat, drielobbig uiteinde. Voor de *tearooms* zijn deze vanzelfsprekend geproduceerd in een verzilverde uitvoering, maar de fabrikant is niet bekend. De afgebeelde zilveren exemplaren (cat. nr. 69) zijn vervaardigd in 1907 door de firma Elkington, die in die tijd een filiaal had in Glasgow.[20]

De vernieuwende zilverontwerpen van toonaangevende kunstenaars als Henry van de Velde en Josef Hoffmann waren een bron van inspiratie voor de talrijke grote en kleinere fabrieken die de

---

the Liberty mark in combination with the Birmingham town mark.

Archibald Knox (1864–1933) is surely the best known and most prolific silver designer to have worked for Liberty during this period yet he was not the only one to contribute to the popularity of their silver articles by producing original designs. Like the other manufacturers, Liberty only rarely named the artists in their employ; consequently, despite thorough investigation into the matter, it is not always possible to attribute designs with any assurance to particular artists (cat. nos. 13, 15, 31 and 42). Liberty silver shows a marked resemblance to silver designed and made by the Guild of Handicraft. Pieces from both have lightly hammered surfaces. In Ashbee's work, this stylistic feature is to indicate that the pieces were entirely made by hand. Liberty, on the other hand, resorted to this device purely as decoration since their pieces were definitely not hand-beaten. Both firms used hardstone and enamel deoration. Liberty's brilliant commercial success was a thorn in Ashbee's eye, inducing the disgruntled artist to refer to the competition as 'Messrs. Nobody, Novelty & Co'.[18]

The oldest and largest silverware firm in Germany was P. Bruckmann & Söhne in Heilbronn (founded in 1805). In 1887, with the firm already in its third generation, Historicism, the 'Stilrepetierkursus der Kunstindustrie' ['art industry's great exercise in stylistic revision][19], was still writ large. Peter Bruckmann (1865–1937), on the other hand, was seeking a renewal of form in the synthesis of artistic design and market demand by means of which he wanted to improve the quality of basic utilitarian objects (cat. nos. 52, 53). He also commissioned quite a number of independent artists to design silver for him, usually for specific trade fairs and exhibitions. These pieces designed by artists were, however, seldom commercially viable. The shapes

---

gehämmerten Oberfläche versehen; bei Ashbee, um zu zeigen, daß es sich um handwerklich hergestellte Arbeiten handelt, bei Liberty als reine Dekoration; denn von Handwerk konnte hier keine Rede mehr sein. Auch setzten beide Firmen Edelsteine und Emaildekorationen ein. Die kommerziell äußerst erfolgreichen Aktivitäten von Liberty waren Ashbee ein Dorn im Auge; so umschrieb er seinen Konkurrenten auch einmal als „Messrs. Nobody, Novelty & Co".[18]

In Deutschland war die Firma P. Bruckmann & Söhne in Heilbronn die älteste (gegründet 1805) und größte Silberwarenfabrik des Landes. Im Jahre 1887, in dritter Generation der Firmenleitung, stand der Historismus, der große „Stilrepetierkursus der Kunstindustrie"[19], noch in voller Blüte. Peter Bruckmann (1865–1937) hingegen suchte nach einer Erneuerung der Form in der Synthese von künstlerischer Gestaltung und kommerzieller Anforderung und wollte auf diese Weise auch die Qualität einfacher Gebrauchsgegenstände verbessern (Kat.-Nrn. 52, 53). Auch eine große Zahl unabhängiger Künstler entwarf in seinem Auftrag Silber, meistens im Hinblick auf konkrete Ausstellungen. Diese Künstlerentwürfe waren jedoch selten auch ein kommerzieller Erfolg. Die Formen waren zu extravagant, technisch schwierig zu bewältigen und äußerst kostspielig (Abb. 6). Bei Peter Bruckmann wurde nicht nur großes Silbergerät hergestellt, es entstanden auch viele Bestecke, und zwar sowohl nach Entwürfen eigener Designer, als auch von freien Künstlern. Viel Erfolg hatte die Firma beispielsweise mit einem Besteck aus den Jahren 1901/02 von Hans Christiansen aus Darmstadt. Dieses elegant geformte Modell mit einem ausgewogenen Liniendekor wurde auch im Ausland verkauft, aber nicht immer unter der Firmenmarke von Bruckmann (Kat.-Nrn. 40a und 40b).

Bei der Produktion der Bestecke wurden generell zwar die Dekors modernisiert, die Form der Griffe und Kellen blieb meist jedoch klassisch – ganz im

oorspronkelijk uit de hand gemaakte voorwerpen imiteerden en langs mechanische weg in kleine series produceerden. Zo vervaardigde bijvoorbeeld de firma Orivit AG uit Keulen-Braunsfeld een klein aantal zilveren voorwerpen met krachtige curvilineaire ornamenten, die een opmerkelijke overeenkomst vertonen met het vroege werk van Van de Velde (cat. nrs. 46, 48, 51). Deze firma, voornamelijk bekend om haar tinproductie, maakte bij de fabricage gebruik van een hydraulische pers. In 1903 begon men met de productie van zilver waarvoor een jaar later een speciaal merk werd geregistreerd. Waarschijnlijk waren de productiekosten te hoog want weer een jaar later werd het

hele bedrijf overgenomen door de Württembergische Metallwarenfabrik (WMF) en werd het zilverprogramma beëindigd. Toch heeft dit bedrijf in die korte tijd een aantal opmerkelijke theeservieezen, schalen en ander corpuswerk geproduceerd. De productie van modern zilver in de grootste fabriek in Nederland, de firma J.M. van Kempen en Zonen in Voorschoten (bij Den Haag), is slechts in kleine kring bekend doordat het bedrijf na de Wereldtentoonstelling in Parijs in 1900 niet meer had deelgenomen aan internationale tentoonstellingen. Het zilver werd door zeer bekwame, maar helaas onbekende fabriekstekenaars ontworpen. Tot 1903 week de productie niet af van

hetgeen in andere Europese fabrieken aan art nouveau-zilver werd gemaakt (cat. nr. 37) Dat veranderde echter weldra en tussen 1904 en 1906 werd hier een aantal voorwerpen geproduceerd in uiterst originele geometrische vormen met geëmailleerde decoraties. Deze ontwerpen zijn zeer karakteristiek voor de constructieve richting in de art nouveau, een stroming die in Nederland in de architectuur en woninginrichting meer opgang maakte dan de internationale decoratieve stijl. De poging van Van Kempen om de vormgeving van zilver hiervoor aan te passen bleek geen succes, want de vraag hiernaar was te klein (cat. nrs. 55, 56 en 61).

---

were too extravagant, technically difficult to handle and extremely cost-intensive (fig. 6). Peter Bruckmann not only made large pieces in silver but also produced a great cutlery, designed both by artists in their employ and freelancers. The firm was particularly successful with a cutlery pattern dating from 1901/02 and designed by Hans Christiansen of Darmstadt. This elegantly styled model with harmonious linear decoration was also sold abroad but not always under the Bruckmann trade name (cat. nos. 40a and 40b). Decoration tended to be modernized in cutlery; handles and ladles, on the other hand, usually retained their clas-

sic shapes. Conversely, place-settings of knives, forks and spoons created by the Scottish architect Charles Rennie Mackintosh (1868–1928) specially for the celebrated tearooms he designed for Mrs Cranston in Glasgow are notable for innovative handling of form. One of these spoon models (1905) consists in only a slightly indented, round bowl and a flat, straight stem with a trifid terminal. The model was produced in electro-plate for the tearooms although the factory that made it is unknown. The examples in silver reproduced here (cat. no. 69) were produced in 1907 by Elkington, who at that time had a branch in Glasgow.[20]

The ground-breaking designs for pieces to be hand-made in silver submitted by such trendsetting artists as Henry van de Velde and Josef Hoffmann inspired numerous small makers to imitate them in small-scale mass production. The firm of Orivit AG in Cologne-Braunsfeld, for instance, made a limited number of silver objects with strongly curvilinear decoration which are remarkably similar to early work by van de Velde (cat. nos. 46, 48, 51). Orivit AG were known for pewterware, which they worked with a modern hydraulic press. In 1903 Orivit began to produce a line in silver, for which they registered a trade mark a year later. However,

---

Gegensatz beispielsweise zu der innovativen Formgebung der Bestecke, die der schottische Architekt Charles Rennie Mackintosh (1868–1928) für die berühmten *tearooms* der Miss Cranston in Glasgow entworfen hatte. Eines dieser Löffelmodelle aus dem Jahre 1905 besteht aus nur leicht eingetiefter, runder Laffe und flachem, geradem Stiel, mit einem dreilappig auslaufenden Ende. Für die *tearooms* wurden diese in versilberter Ausführung hergestellt; der Fabrikant ist jedoch nicht bekannt. Die hier abgebildeten Exemplare aus Silber (Kat.-Nr. 69) wurden 1907 von der Firma Elkington produziert, die in dieser Zeit eine Filiale in Glasgow hatte.[20]

Die bahnbrechenden Silberentwürfe der tonangebenden Künstler wie Henry van de Velde und Josef Hoffmann wurden zu einer Quelle der Inspiration für zahlreiche kleinere Fabriken, die die ursprünglich handgearbeiteten Entwürfe imitierten, aber auf mechanischem Weg in kleinen Serien produzierten. So stellte zum Beispiel die Firma Orivit AG aus Köln-Braunsfeld eine kleine Anzahl silberner Gegenstände mit stark kurvigen Linien-Ornamenten her, die eine auffällige Übereinstimmung mit den frühen Arbeiten der Veldes zeigen (Kat.-Nrn. 46, 48, 51). Diese Firma war vor allem für ihre Zinnproduktion bekannt und arbeitete mit einer modernen hydraulischen Presse. 1903 begann

Orivit mit der Produktion von Silbergerät, für das ein Jahr später eine eigene Marke registriert wurde. Doch waren wahrscheinlich die Produktionskosten zu hoch, denn wiederum ein Jahr später wurde der Betrieb durch die Württembergische Metallwarenfabrik (WMF) übernommen und das Silberprogramm eingestellt. Doch in dieser kurzen Zeit produzierte Orivit eine Reihe aufsehenerregender Teeservice, Schalen und andere Korpusware.

Die Produktion modernen Silbers in der größten Fabrik der Niederlande, der Firma J.M. van Kempen en Zonen in Voorschoten (bei Den Haag), ist lediglich einem kleinen Personenkreis ein Begriff,

5 Jacob Prytz, zilverontwerpen, ca. 1930
Jacob Prytz, design for articles in silver, 1930s
Jacob Prytz, Design für Silbergerät, 1930er Jahre

6 Vitrine met zilver van P. Bruckmann & Söhne op
de tentoonstelling in Brussel, 1910
**Display case with P. Bruckmann & Söhne silver
at the 1910 Brussels Exhibition**
Vitrine mit Silber von P. Bruckmann & Söhne auf
der Ausstellung in Brüssel, 1910

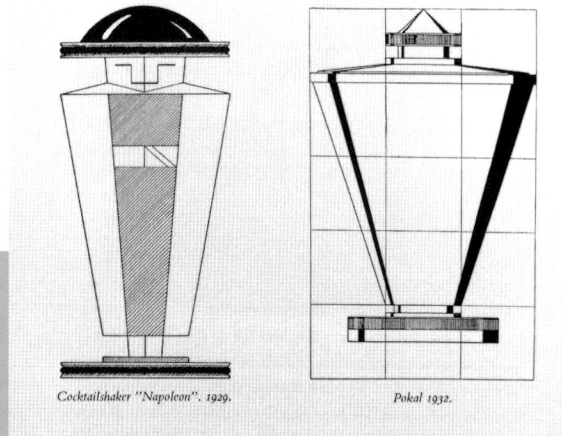

Cocktailshaker "Napoleon". 1929.   Pokal 1932.

5

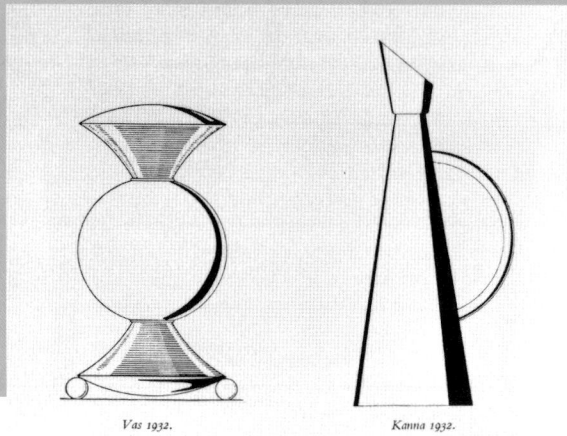

Vas 1932.   Kanna 1932.

5

6

7   pagina uit een verkoopcatalogus van J.M. van
    Kempen, Voorschoten uit 1902 (vergelijk
    cat. nr. 37)
    A page from a J.M. van Kempen sale catalogue,
    Voorschoten, 1902 (cf. cat. no. 37)
    Seite aus einem Verkaufskatalog von J.M. van
    Kempen, Voorschoten, 1902 (vgl. Kat.-Nr. 37)

De firma C.J. Begeer in Utrecht nam, in tegenstelling tot Van Kempen, sinds 1900 aan alle nationale en internationale tentoonstellingen deel. Het moderne zilver met florale, soms gestileerde decoraties was over het algemeen door eigen kunstenaars ontworpen (cat. nr. 34). Eind 1904 sloot het bedrijf een overeenkomst met de al eerder genoemde Jan Eisenloeffel en sindsdien werden diens opmerkelijke zilverontwerpen onder zijn toezicht in kleine series in Utrecht geproduceerd (cat. nrs. 59 en 62–64). De oorspronkelijk uit de hand gemaakte vormen werden nu geforceerd, maar de montage en verdere afwerking bleef handwerk, zelfs ajour patronen werden niet zoals elders gestanst, maar met de hand uitgezaagd (vergelijk cat. nrs. 66 en 67).

Het werk van geen van de tot nu toe genoemde ontwerpers en zilverfabrikanten heeft internationaal ooit zo'n grote faam gekregen als het Jensen-zilver. Na een weinig succesvolle carrière als beeldhouwer vestigde Georg Jensen (1866–1935) zich in 1904 op 37-jarige leeftijd als zelfstandig zilversmid in Kopenhagen. In het najaar exposeerde hij voor het eerst zijn eenvoudige zilveren sieraden en had daarmee groot succes. In 1905 kocht de reeds eerder genoemde Osthaus voor zijn Folkwang Museum in Hagen enkele exemplaren aan en werden in Duitsland de eerste foto's van zijn werk gepubliceerd:[21] diverse sieraden en enkele rijk versierde lepels. Datzelfde jaar ontwierp Jensen zijn eerste twee theeserviezen. Bij model 1 toonde hij de decoratieve kracht van gewelfde contouren (cat. nr. 57); bij model 2, later model Magnolia genoemd, combineerde hij de eenvoudige vorm al met een bloemknop en gedecoreerde pootjes. Hij bezat een onuitputtelijke fantasie en ontwierp een indrukwekkend aantal voorwerpen in evenwichtige organische vormen, die onveranderlijk werden gecombineerd met trossen druiven, bloemen, fruit en andere aan de natuur ontleende motieven. De eerste grote internationale tentoonstelling waaraan hij deelnam was de

production costs were apparently so high that a year later the firm was taken over by the Württembergische Metallwarenfabrik (WMF) and production of the silver range ceased altogether. Nonetheless, Orivit managed to produce a number of exciting tea sets, dishes and other similar pieces in that short space of time.

That modern silver was produced in the largest factory in the Netherlands, J.M. van Kempen en Zonen in Voorschoten (near The Hague) is not widely known since this firm no longer participated in international trade fairs and shows after the 1900 Paris Exhibition. Their silver was designed by highly capable but anonymous employees. In 1903 their product range still differed very little if at all from the Art Nouveau/Jugendstil products in silver manufactured by other leading European makers (cat. no. 37). However, between 1904 and 1906 a highly original range of silver pieces in geometric shapes with enamelled decoration was created which exemplifies the functional trend in Dutch Art Nouveau – a current which was more widely acclaimed in architecture and interior decoration in the Netherlands than the otherwise pervasive international decorative style. The attempt made by van Kempens to adapt silver design to developments in the Netherlands was doomed to failure for lack of sufficient consumer demand (cat. nos. 55, 56 and 61).

Unlike van Kempen, the Utrecht firm of C.J. Begeer had been participating actively in all national and international trade fairs and exhibitions since 1900. Their modern silver, distinguished by floral decoration which was sometimes stylized, was generally designed by artists in their employ (cat. no. 34). Late in 1904 the firm concluded a contract with Jan Eisenloeffel, who is discussed above. The stunning silver designs submitted by this artist were produced in limited series in Utrecht (cat. nos. 59 and 62–64). Originally formed by hand, the models

da die Firma nach der Weltausstellung 1900 in Paris nicht mehr an internationalen Präsentationen teilnahm. Das Silber wurde von sehr fähigen, aber unbekannten Werks-Gestaltern entworfen. Noch 1903 unterschied sich die Produktion nicht von dem, was auch von anderen europäischen Herstellern an Jugendstilsilber angeboten wurde (Kat.-Nr. 37). Zwischen 1904 und 1906 jedoch entstand hier eine Reihe von Silbergerät in äußerst originellen geometrischen Formen und mit emailliertem Dekor, das charakteristisch ist für die konstruktive Richtung des niederländischen Jugendstils – eine Strömung die in der Architektur und Innenraumgestaltung in den Niederlanden mehr Anklang fand, als der international verbreitete, dekorative Stil. Dem Versuch van Kempens, die Gestaltung des Silbers an die niederländische Entwicklung anzupassen, war aufgrund einer zu kleinen Nachfrage kein Erfolg beschieden (Kat.-Nrn. 55, 56 und 61).

Im Gegensatz zu van Kempen nahm die Firma C.J. Begeer aus Utrecht seit 1900 an allen nationalen und internationalen Ausstellungen teil. Das moderne Silber mit floralem, manchmal stilisiertem Dekor wurde im allgemeinen durch eigene Künstler entworfen (Kat.-Nr. 34). Ende 1904 schloß der Betrieb einen Vertrag mit dem schon genannten Jan Eisenloeffel. Die Aufmerksamkeit erregenden Silberentwürfe des Künstlers wurden unter seiner Aufsicht in kleinen Serien in Utrecht produziert (Kat.-Nrn. 59 und 62–64). Die ursprünglich von Hand gearbeiteten Formen wurden nun maschinell hergestellt, aber die Montage und die weitere Bearbeitung blieb Handarbeit; selbst ajour-Muster wurden nicht, wie sonst üblich, gestanzt, sondern von Hand ausgesägt (vgl. Kat.-Nrn. 66 und 67). Keiner der genannten Gestalter und Silberwarenfabrikanten erlangte international einen vergleichbaren Ruf wie die Firma von Georg Jensen (1866–1935). Nach einer wenig erfolgreichen Karriere als Bildhauer ließ sich Jensen im Jahre 1904, 37jährig, in Kopenhagen als selbständiger Sil-

Wereldtentoonstelling in Brussel in 1910. Hij baarde veel opzien met zijn opvallende ontwerpen en zijn inzending werd dan ook bekroond met een gouden medaille, de eerste van een lange reeks. Sinds 1906 werkte Jensen samen met de veelzijdige kunstenaar Johan Rohde (1856–1935), die aanvankelijk incidenteel, maar vanaf 1913 uitsluitend voor hem ontwierp. Vergeleken met de ontwerpen van zijn vriend Jensen zijn de vormen van Rohde minder zwaar en de ornamenten terughoudender. Deze vruchtbare samenwerking vormde de basis voor de internationale faam van dit zilver. Alle tot nu toe genoemde kunstenaars begonnen hun werkzaamheden op het breukvlak van twee eeuwen. Zij vonden wegen om de verstarring van het historisme te doorbreken. Eerst werd de decoratie vernieuwd; daarna werden vorm en constructie gemoderniseerd. Geleidelijk ontstond een eenvoudige stijl voor huiselijke gebruiksvoorwerpen. Decoraties raken 'uit' en dan staat niets de ontwikkeling naar eenvoudige, onversierde vormen meer in de weg.

Een voorbeeld daarvan is de ontwikkeling bij de firma Bruckmann waar de zilversmid en beeldhouwer Josef Lock (1875–1964) die sinds 1906 de leiding had van het tekenatelier. Op de *Werkbund-Ausstellung* in Keulen in 1914 werd een aantal voorwerpen getoond in voor die tijd ongebruikelijke gefacetteerde contouren die als het ware de vormvernieuwingen uit de jaren twintig reeds aankondigen. In 1915 zijn deze opmerkelijke voorwerpen, zoals een *pièce de milieu* (cat. nr. 80) en een drielichts kandelaber afgebeeld in het jaarboek van de Duitse Werkbund.[22] De variant voor vijf kaarsen (cat. nr. 81), is in 1924 in Nederland verkocht in een van de winkels van Begeer, Van Kempen en Vos.

Dat er ook uitzonderingen bestonden op deze ontwikkelingen is te zien in het werk van de *Wiener Werkstätte*. Daar werd de aanvankelijk opvallend constructieve vormgeving na het vertrek van Koloman Moser in 1907 vervangen door golven-

were now industrially made but assembly and further processing and finishing were still done by hand; even *ajouré* patterns were not stamped out as they usually were but were sawn by hand (cf. cat. nos. 66 and 67).

None of the above mentioned designers and silverware manufacturers ever achieved the international standing that the firm of Georg Jensen (1866–1935) attained. After a rather unsuccessful career as a sculptor, Jensen, by now 37 years old, settled in Copenhagen as a freelance silversmith in 1904. That autumn he exhibited some simple silver jewellery for the first time and was very successful with it. In 1905 Karl Osthaus bought some pieces for the *Folkwang-Museum* he had founded in Hagen. The first photos of Jensen's work were published in Germany: pieces of jewellery and some opulently decorated spoons.[21] That same year Jensen designed his first two tea sets. His *Model 1* flaunts decoratively forceful curving outlines (cat. no. 57); *Model 2*, later called *Modell Magnolie* [Magnolia Model], united simplicity of form with buds and decorated feet. Blessed with a teeming imagination, Jensen designed an impressive number of objects in balanced organic shapes which could also be combined unchanged with motifs drawn from nature such as grapes, flowers, fruits etc. The first large international trade fair in which he participated was the 1910 Brussels Exhibition. There his striking designs created a sensation and he was awarded a gold medal for them – the first of a long series of prizes he was to win.

From 1906 Jensen collaborated with the versatile artist Johan Rohde (1856–1935), who at first only occasionally worked for him but from 1913 executed commissions solely from Jensen. Compared with Jensen's designs, Rohde's shapes are less heavy and his ornament more restrained. The productive collaboration of Jensen and Rohde laid the groundwork for the

berschmied nieder. Im Herbst desselben Jahres stellte er zum erstenmal einfachen Silberschmuck aus und hatte damit großen Erfolg. 1905 kaufte der schon genannte Karl Osthaus für sein Folkwang-Museum in Hagen einige Stücke an, und es wurden die ersten Fotos seiner Arbeiten in Deutschland veröffentlicht: verschiedene Schmuckstücke und einige reich verzierte Löffel.[21] Im selben Jahr entwarf Jensen seine zwei ersten Teeservice. An *Modell 1* zeigt er die dekorative Kraft gewölbter Konturen (Kat.-Nr. 57); an *Modell 2*, später *Modell Magnolie* genannt, kombiniert er einfache Formen mit einer Blütenknospe und dekorierten Füßen. Jensen besaß eine unerschöpfliche Phantasie und entwarf eine beeindruckende Zahl von Objekten in ausgewogenen, organischen Formen, die unverändert auch mit Trauben, Blumen, Früchten und anderen, der Natur entlehnten Motiven kombiniert wurden. Die erste große internationale Ausstellung, an der er teilnahm, war die Weltausstellung in Brüssel 1910. Seine auffallenden Entwürfe erregten großes Aufsehen und wurden mit einer Goldmedaille ausgezeichnet – die erste einer langen Serie.

Seit 1906 arbeitete Jensen mit dem vielseitigen Künstler Johan Rohde (1856–1935) zusammen, der anfänglich nur gelegentlich, ab 1913 dann ausschließlich für ihn arbeitete. Verglichen mit den Entwürfen von Jensen sind die Formen Rhodes weniger schwer und die Ornamente zurückhaltender. Die fruchtbare Zusammenarbeit beider bildete die Basis für den internationalen Ruf des Jensen-Silbers.

Alle bisher genannten Künstler begannen ihre Tätigkeit am Übergang vom 19. zum 20. Jahrhundert. Sie fanden Wege, sich aus der Erstarrung des Historismus zu lösen: Erst wurde der Dekor erneuert, danach wurden die Form und der konstruktive Aufbau modernisiert. So entstand nach und nach ein einfacher Stil für Gebrauchsgegenstände. Dekorationen verschwanden, und der Entwicklung zu glatten, reinen Formen stand nichts mehr

de contouren zoals de in 1919 ontworpen brood-schaal, die in de loop van de jaren twintig acht-maal is gemaakt (cat. nr. 85).²³

In de landen die betrokken waren bij de Eerste Wereldoorlog stond de artistieke ontwikkeling vrijwel stil, maar in neutrale landen zoals Neder-land en Noorwegen werden in die jaren plastisch gevormde objecten vervaardigd met abstracte ornamenten (cat. nr. 82). Bij de firma Jensen in het eveneens neutrale Denemarken groeide de productie explosief dankzij de grote belangstelling voor zijn werk, met name in Zweden en de Ver-enigde Staten. Het geheel uit de hand vervaardig-gen van de ontwerpen van Jensen en Rohde verg-

de veel tijd en het bleek niet langer mogelijk om op deze wijze aan de grote vraag te voldoen. Na 1912 werd in zijn nieuwe, grotere werkplaats voor serieproducten dan ook gebruik gemaakt van de forceertechniek. Wel hield men vast aan het zo karakteristieke gehamerde uiterlijk, en dat was altijd handwerk.

INDIVIDUALISME EN FUNCTIONALISME TIJDENS HET INTERBELLUM

In 1925 werd in Parijs de *Exposition Internatio-nale des Arts Décoratifs et Industriels Modernes* gehouden. Voor het eerst sinds jaren konden

bezoekers en deelnemers zich weer eens op de hoogte stellen van de moderne vormgeving in Europa en de Verenigde Staten. Duitsland was om politieke redenen van deelname uitgesloten. Ondanks de titel van de tentoonstelling speelde de 'industriële kunst' nog een onopvallende rol en lag het accent nadrukkelijk op kostbare ambach-telijk vervaardigde unica. Het ligt voor de hand dat een groot aantal bekende Franse zilverfirma's, zoals Cardheilac, Ravinet d'Enfert en Tétard, deel-nam. Zij toonden de bezoekers voor het eerst sinds vele jaren modern zilver, ditmaal in nooit eerder vertoonde vormen met brede ribbels of gladde facetten en vlakken. Een bij Christofle gemaakte

lasting international reputation of Jensen silver. The artists hitherto discussed here began to work at the close of the 19th century or during the early years of the 20th. They all found ways of freeing themselves from the rigid constraints imposed by Historicism: first decoration was revolutionized, followed by form and structure. Thus an austerely stringent style gradually emerged in utilitarian objects. The disappear-ance of decoration cleared the way for plane, pure form. The development that took place in the firm of Bruckmann exemplifies this process. The silversmith and sculptor Josef Lock (1875–1964) had been director of the Bruckmann

design studio since 1906. A number of Bruck-mann exhibits shown at the 1914 Cologne *Werk-bund-Ausstellung* were unusual for the time in having faceted contours heralding the 1920s revolution in design. The 1915 *Jahrbuch* pub-lished by the *Deutscher Werkbund* shows some of these striking designs, including a *pièce de milieu* (centre-piece: cat. no. 80) and a three-branched candelabra.²²

That there were exceptions to this general trend is shown in the products made by the *Wiener Werkstätte*. After Koloman Moser left in 1907, the stunningly functional forms which had orig-inally been their hallmark were supplanted by

wavy contours such as those encountered in a bread basket model dated 1919, of which eight exemplars were made in the 1920s (cat. no. 85).²³ In the countries affected most by the rav-ages of the first world war, aesthetic develop-ments stagnated; however, in such neutral coun-tries as the Netherlands and Norway the postwar years saw the production of objects notable for their plasticity and abstract deco-ration (cat. no. 82). At Jensen in Denmark, which had also remained neutral in the Great War, pro-duction increased sharply due to ravenous demand, especially from Sweden and the Unit-ed States of America. Designs by Jensen and

im Wege. Ein gutes Beispiel dafür ist die Entwick-lung der Firma Bruckmann, bei der der Silber-schmied und Bildhauer Josef Lock (1875–1964) seit 1906 die Leitung des Entwurfsateliers inne-hatte. Auf der Werkbund-Ausstellung in Köln 1914, wurde eine Anzahl von Objekten in für diese Zeit ungewöhnlichen, facettierten Konturen gezeigt, die gleichsam die Erneuerung der Gestaltung der 20er Jahre ankündigte. 1915 sind diese auffal-lenden Entwürfe, wie das *pièce de milieu* (Kat.-Nr. 80) und ein dreiarmiger Kerzenleuchter, im Jahr-buch des Deutschen Werkbunds abgebildet.²²

Daß es auch Ausnahmen in dieser Entwicklung gab, ist an den Produkten der Wiener Werkstätte

abzulesen. Dort wurden die anfänglich auffallend konstruktiven Formen nach dem Weggang von Koloman Moser im Jahre 1907 durch wellenför-mige Konturen ersetzt, wie z. B. auf der Brotscha-le von 1919, die im Laufe der 20er Jahre achtmal gefertigt wurde (Kat.-Nr. 85).²³ In den Ländern, die vom Ersten Weltkrieg betroffen waren, stand die Entwicklung nahezu still, aber in den neutralen Ländern, wie den Niederlanden und Norwegen, wurden in diesen Jahren plastisch geformte Objek-te mit abstraktem Dekor gefertigt (Kat.-Nr. 82). Bei der Firma Jensen, im ebenfalls neutralen Däne-mark, stieg die Produktion, dank der großen Nach-frage vor allem aus Schweden und den Vereinig-

ten Staaten, sprunghaft an. Die komplett in Handarbeit ausgeführten Entwürfe von Jensen und Rohde erforderten viel Zeit, und es schien nicht länger möglich, auf diese Weise die große Nachfrage zu befriedigen. Nach 1912 wurde in seiner neuen, größeren Werkstatt für Serienpro-dukte auch mit Drückbänken gearbeitet. Man behielt aber die charakteristische, gehämmerte Oberfläche bei, und das war nach wie vor Hand-arbeit.

kraantjeskan, met aan het kubisme ontleende hoekige, getrapte ornamenten op de poten en onder de handvatten, is een karakteristiek voorbeeld van deze nieuwe geometrische stijl (cat. nr. 89). De hoekige vormgeving van dit object is verwant aan de reeds eerder genoemde ontwerpen van Josef Lock uit 1914. Een van de belangrijkste ontwerpers voor de firma Christofle was de Deense zilversmid Christian Fjerdingstad (1891–1968). Fjerdingstad, die zich in 1918 als zilversmid in Blaricum vestigde en ruim een jaar later zijn meesterteken liet registreren bij de Waarborg in Amsterdam, vertrok in 1921 met vrouw en dochter naar Parijs.[24] In L'Isle Adam bij Parijs richtte hij een ate-

lier in waar hij uitsluitend unica vervaardigde. Daarnaast ontwierp hij tussen eind 1924 en 1941 als artistiek medewerker van Christofle diverse modellen voor serieproductie. Een veel voorkomend kenmerk in zijn ontwerpen is de contrastrijke combinatie van gladde gesloten vormen met opengewerkte randen, zoals bijvoorbeeld duidelijk te zien is in een fruitschaal (cat. nr. 103). Andere zilversmeden, zoals Jean Després (1889–1980), gebruikten het sterk reflecterend vermogen van zilver om ornamenten te weerkaatsen. Zo lijkt het alsof diens kom (cat. nr. 128) niet alleen een ketting langs de voetrand heeft, maar ook een aan de onderzijde van de bolle vorm.

Het meeste opzien op de Art Deco-tentoonstelling baarde echter het werk van een nieuwkomer, de jonge zilversmid en beeldhouwer Jean-Élysée Puiforcat (1897–1945), die na de Eerste Wereldoorlog in het atelier van zijn vader was opgeleid tot zilversmid. Zijn originele ontwerpen voor gebruiksvoorwerpen met kloeke, hoekige vormen en hoogglanzend gebruneerde, spiegelende vlakken in wiskundig berekende verhoudingen en de wijze waarop hij primaire vormen zoals kegels, cilinders en bollen toepaste, trokken alom de aandacht. Bij het hier afgebeelde koffie- en theeservies worden de zware, maar evenwichtige gladde vormen gebroken door wigvormige, verticale groeven (cat.

Rohde were executed entirely by hand and this was a time-consuming process. Consequently, attempting to meet the surging demand for their work in the established way no longer seemed commercially viable. After 1912 mass production began in a new, larger workshop equipped with mechanical lathes. However, finishing with the typical hammered surface continued to be done by hand.

INDIVIDUALISM AND FUNCTIONALISM BETWEEN THE TWO WORLD WARS

In 1925 the *Exposition Internationale des Arts Décoratifs et Industriels Modernes* was mounted in Paris. For the first time in many years visitors and participants could again keep abreast of developments in modern design in both Europe and the United States of America. Germany, on the other hand, was out of the picture for political reasons. For all the exhibition's resounding title, 'industrial art' still played only a modest role; instead, emphasis was squarely placed on expensive, one-of-a-kind pieces made

entirely by hand. It was only logical, therefore, that a great many reputable French silverware manufacturers, including Cardheilac, Ravinet d'Enfert and Tétard, would participate. What they had to show visitors was modern silver in unheard-of shapes with broad fluting or smooth facets and surfaces. A coffee urn made by Christofle with angular, stepped ornaments – a borrowing from Cubism – on the feet and beneath the handles exemplifies this new geometric style (cat. no. 89). The angular design of this object is related to the designs submitted in 1914 by Josef Lock, which are touched on above. One of the leading designers employed

INDIVIDUALISMUS UND FUNKTIONALISMUS IN DER ZWISCHENKRIEGSZEIT

1925 fand in Paris die *Exposition Internationale des Arts Décoratifs et Industriels Modernes* statt. Zum erstenmal seit langem konnten sich Besucher und Teilnehmer wieder über den Stand der modernen Formgebung in Europa und den Vereinigten Staaten informieren. Deutschland war aus politischen Gründen ausgeschlossen. Trotz des Titels spielte die „industrielle Kunst" noch eine bescheidene Rolle; der Schwerpunkt lag eindeutig auf kostbaren, in Handarbeit hergestellten Unikaten. Es lag nahe, daß eine große Zahl bekannter fran-

zösischer Silberwarenfabriken, wie Cardheilac, Ravinet d'Enfert und Tétard teilnahmen. Sie zeigten den Besuchern modernes Silber in noch nie dagewesenen Formen mit breiten Rippen oder glatten Facetten und Flächen. Ein von Christofle gearbeiteter Samowar mit – dem Kubismus entlehnten – eckigen, treppenförmigen Ornamenten auf den Füßen und unter den Handgriffen, ist ein charakteristisches Beispiel für diesen neuen geometrischen Stil (Kat.-Nr. 89). Die eckige Gestaltung des Objekts ist verwandt mit den schon weiter oben genannten Entwürfen des Gestalters Josef Lock von 1914. Einer der wichtigsten Designer der Firma Christofle war der dänische Silberschmied

Christian Fjerdingstad (1891–1968). Fjerdingstad, der sich 1918 als Silberschmied im holländischen Blaricum niederließ und gut ein Jahr später sein Meisterzeichen im Punzierungsamt in Amsterdam registrieren ließ, zog 1921 mit Frau und Tochter nach Paris.[24] Er richtete sich in L'Isle Adam bei Paris ein Atelier ein, in dem er ausschließlich Einzelstücke fertigte. Gleichzeitig entwarf er von Ende 1924 bis 1941 als künstlerischer Mitarbeiter von Christofle verschiedene Modelle für die Serienproduktion. Ein wichtiges Kennzeichen seiner Entwürfe ist die häufig angewendete kontrastierende Kombination glatter, geschlossener Formen mit durchbrochenen Rändern, wie

nr. 90). De vorm van de zware palissanderhouten oren is bij dit servies zeer functioneel want op deze wijze wordt voorkomen dat de vingers bij het schenken de warme wand raken. Al zijn ontwerpen lijken eenvoudig te produceren, maar niets is minder waar. Alleen uiterst bekwame zilversmeden zijn in staat dergelijke objecten met strakke gladde vormen en scherpe hoeken onberispelijk uit te voeren.

Ook de omvangrijke inzending van Jensen trok vanzelfsprekend weer alom de aandacht. In deze stand werd onder meer een kan getoond, die opvalt door haar zeer moderne gestroomlijnde vorm (cat. nr. 88). Hij was in 1920 ontworpen door Johan Rohde, maar was voor die tijd zo geavanceerd, dat men haar pas vijf jaar later in productie durfde te nemen. De faam van dit zilver was zo groot dat andere Deense zilversmeden zoals bijvoorbeeld Evald Nielsen hierdoor aanvankelijk beïnvloed werden. Rond 1925 had deze laatste zijn eigen stijl gevonden en ontwierp hij zilver dat verwant is aan de luxueuze art deco-stijl (cat. nr. 92). Volgens Tony Bouilhet, de directeur van Maison Christofle, waren de inzendingen van Puiforcat en Jensen de interessantste van de hele tentoonstelling. Toch had niet iedereen even grote waardering voor de Franse edelsmeedkunst. Zo schreef de Nederlandse zilverfabrikant Carel Begeer in een brief aan zijn Duitse collega Peter Bruckmann: 'Die Gegenstände sind in der Form und Materialvorwortung technisch und künstlerisch ziemlich schlecht' en wijt het aan de 'Impotenz der Franzosen [sic!]'.[25]

De *Wiener Werkstätte* toonden in het Oostenrijkse paviljoen, dat ontworpen was door Josef Hoffmann, een grote collectie glas, keramiek, textiel en zilver. Dit zilver getuigt nog steeds van het grote vakmanschap van de zilversmeden (cat. nr. 85). De exclusieve, soms extravagant vormgegeven objecten passen weliswaar in de sfeer van de *roaring twenties*, maar staan in schril contrast tot de strakke vormen van het Franse art deco-zilver.

by the firm of Christofle was the Danish silversmith Christian Fjerdingstad (1891–1968). Fjerdingstad established himself as a silversmith in the dutch village of Blaricum in 1918 and not much more than a year later had registered his maker's mark at the assey office in Amsterdam. In 1921 he moved with his wife and daughter to Paris[24], where he established an atelier in L'Isle Adam near Paris. There he made nothing but one-of-a-kind pieces yet from late 1924 until 1941 he designed models for mass production on commission from Christofle. His work is distinguished by the frequent exploitation of sharp contrasts between smooth, hermetic form and pierced edges as encountered in the fruit basket (cat. no. 103). Other silversmiths, among them Jean Després (1889–1980), took advantage of the powerful illusionist effects which could be achieved by reflecting ornament on polished silver surfaces. A bowl of his (cat. no. 128) appears to sport a border not only along the foot-rim but also a second below the curve of the side.

However, by far the most exciting work on display at the 1925 Paris Art Déco Exhibition was shown by Jean-Élysée Puiforcat (1897–1945), a young silversmith who had trained after the first world war in his father's atelier. Puiforcat designed distinctive utilitarian objects notable for bold, angular shapes and burnished, highly glossy reflecting surfaces. He calculated proportions precisely according to a mathematical formula and the manner in which he used such elemental forms as the cone, cylinder and sphere attracted attention worldwide. The tea and coffee service shown here is remarkable for vessels in massive yet balanced shapes broken into by wedge-shaped moulds (cat. no. 90). The palisander wood handles of this service are ingeniously functional in design, effectively preventing one's fingers being burnt on the hot wall of the teapot or coffee pot when one is pouring.

z. B. bei der Fruchtschale (Kat-Nr. 103). Andere Silberschmiede, wie Jean Després (1889–1980), benutzten das starke Reflexionsvermögen von Silber, um Ornamente zu spiegeln. So wirkt es, als ob dessen Schale (Kat.-Nr. 128) nicht nur ein Band entlang des Fußrandes besäße, sondern auch eines an der Unterseite der gewölbten Form.

Das meiste Aufsehen auf der Pariser Art Déco-Ausstellung von 1925 erregte jedoch der junge Silberschmied Jean-Élysée Puiforcat (1897–1945), der nach dem Ersten Weltkrieg im Atelier seines Vaters zum Silberschmied ausgebildet wurde. Seine unverwechselbaren Entwürfe für Gebrauchsgerät mit kühnen, eckigen Formen und hochglänzenden, brünierten, spiegelnden Flächen in mathematisch berechneten Maßverhältnissen und die Art und Weise, in der er primäre Formen wie Kegel, Zylinder, und Kugel anwendet, zogen allerorts Aufmerksamkeit auf sich. Bei dem hier abgebildeten Tee- und Kaffeeservice wurden die schweren, aber ausgewogenen klaren Formen durch keilförmige, senkrechte Kehlen gebrochen (Kat.-Nr. 90). Die Palisanderholz-Henkel sind bei diesem Service sehr funktionell gestaltet; sie vermeiden, daß die Finger beim Einschenken mit der heißen Wandung der Kanne in Berührung kommen. Alle seine Entwürfe wirken so, als seien sie einfach herzustellen; doch der Eindruck täuscht: Nur äußerst geschickte Silberschmiede sind in der Lage, Objekte mit einer derart straffen, glatten Form und den entsprechend scharfen Kanten tadellos auszuführen.

Auch die umfangreiche Präsentation von Jensen zog wieder die Aufmerksamkeit auf sich. Unter anderem zeigte er eine 1920 von Johan Rohde entworfene Kanne, die durch ihre sehr moderne Stromlinienform auffiel (Kat.-Nr. 88). Die Gestaltung dieses Objekts war ihrer Zeit weit voraus, was erklärt, daß sie erst fünf Jahre später in Produktion ging. Die Reputation des Jensen-Silbers war enorm groß, so daß auch andere dänische Silberschmiede, wie beispielsweise Evald Nielsen, stark davon beein-

In 1925 begon de uittocht van de zilversmeden en zes jaar later was de laatste vertrokken. De zilverontwerpen van Hoffmann en zijn assistent, de architect Oswald Härdtl (1899–1959), werden toen al uitgevoerd door de firma's J.C. Klinkosch in Wenen (cat. nr. 111) en Bruckmann in Heilbronn.[26] In 1932 werden de *Wiener Werkstätte* geliquideerd.

Het onverwacht grote succes van de innoverende zilverontwerpen van Puiforcat was voor andere fabrikanten, zoals Cardeilhac en Ravinet d'Enfert, een duidelijke aanwijzing dat deze nieuwe richting goede commerciële perspectieven bood (cat. nrs. 104, 105). De moderne voorwerpen die zij sindsdien vervaardigden 'ontlenen hun schoonheid aan de ongedwongen uitvoering, de bondige vorm en de klare gepolijste oppervlakken, die als een spiegel het daglicht of de schittering van het elektrisch licht weerkaatsen'.[27] De monumentaliteit van deze originele vormen wordt nog versterkt door het veelvuldig gebruik van donkere exotische houtsoorten, ivoor en edelstenen zoals malachiet, jade en bergkristal. In sommige gevallen konden klanten een keuze maken uit verschillende uitvoeringen. Zo is de terrine van Ravinet d'Enfert ook gemaakt met ivoren grepen en dekselknop.[28] De vormen ogen niet alleen zwaar, ook het gewicht van de voorwerpen is vaak opvallend groot. Over het algemeen zijn het grotendeels handmatig uitgevoerde luxevoorwerpen die passen bij de hoge eisen die Fransen hieraan stellen. Deze fraaie Franse art deco-objecten bleken een groot succes en werden tot in de jaren vijftig door de zilverfabrieken geleverd. Aan de merken is dit niet te zien want de fabriekstekens werden zelden gewijzigd. Bovendien kent het Franse waarborgsysteem geen jaarletters zoals in Groot-Brittannië en Nederland. De Minervakop met een 1 voor het voorhoofd, sinds 1838 het Franse garantieteken voor 0.950 zilver, werd pas in 1973 gewijzigd. Ook voor de Belgische zilverfabrikanten uit deze tijd waren ongedecoreerde vormen belang-

All Puiforcat's pieces look as if they were easy to make but this impression is utterly deceptive. Only a consummately skilled silversmith can make objects with such taut, smooth shapes and articulate them so crisply with such sharp edges. The display mounted by Jensen also again attracted attention. The pieces shown by the Danish firm included a jug designed by Johan Rohde in 1920, which is strikingly modern and streamlined in shape (cat. no. 88). The design of this piece was far ahead of its time, which explains why it was not produced until five years after Rohde had submitted the design. The reputation of Jensen silver was such that it exerted an enormous influence on other renowned Danish silversmiths, including Evald Nielsen. Nielsen had found his own distinctive style by 1925 and he designed silver which is very similar to the opulent style of Art Déco (cat. no. 92). The work shown by Puiforcat and Jensen shared the honours with that exhibited by Tony Bouilhet, managing Director at Christofle, of being the most interesting in the entire show. Still, the enthusiasm voiced in many quarters for the art of French silversmiths was not unanimous. As the Dutch silverware manufacturer Carel Begeer put it disparagingly in a letter to his German colleague Peter Bruckmann: 'The objects are pretty poor both technically and aesthetically in respect of shape and handling of material', deficits which he ascribed to 'French impotence [sic!]'.[25]

The *Wiener Werkstätte* showed a large collection of glass, ceramics, textiles and silver in the Austrian Pavilion, which had been designed by Josef Hoffmann. The silver is a timeless monument to the skill of Austrian silversmiths (cat. no. 85). Exclusive, even extravagant on occasion, the design of these objects certainly suits the heady atmosphere of the 'Roaring Twenties' yet contrasts sharply with the stringent austerity of French Art Déco silver. By 1925 silversmiths

flußt wurden. Um 1925 hatte Nielsen seinen eigenen Stil gefunden, und er entwarf Silbergerät, das dem luxuriösen Art Déco-Stil sehr verwandt ist (Kat.-Nr. 92). Nach den Arbeiten von Tony Bouilhet, dem Direktor der Firma Christofle, waren die Objekte von Puiforcat und Jensen die interessantesten der Ausstellung. Nicht jeder teilte die große Begeisterung für die französische Silberschmiedekunst. So schrieb der niederländische Silberwarenfabrikant Carel Begeer in einem Brief an seinen deutschen Kollegen Peter Bruckmann: „Die Gegenstände sind in der Form und Materialverwertung technisch und künstlerisch ziemlich schlecht", und er schreibt das der „Impotenz der Franzosen" [sic!] zu.[25]

Die Wiener Werkstätte zeigte in dem von Josef Hoffmann entworfenen österreichischen Pavillon eine große Kollektion von Glas, Keramik, Textil und Silber. Das Silber zeugt noch vom handwerklichen Können der Silberschmiede (Kat.-Nr. 85). Die exklusive und manchmal auch extravagante Formgebung der Objekte paßt zwar sehr wohl in die Atmosphäre der „roaring twenties", aber sie steht in krassem Kontrast zu den strengen Formen des französischen Art Déco-Silbers. 1925 begann der Weggang der Silberschmiede von der Wiener Werkstätte; sechs Jahre später verließ sie der letzte. Die Silberentwürfe von Hoffmann und seinem Assistenten, dem Architekten Oswald Härdtl (1899–1959), wurden damals schon von den Firmen J.C. Klinkosch in Wien (Kat.-Nr. 111) und Bruckmann in Heilbronn ausgeführt.[26] 1932 wurde die Wiener Werkstätte aus finanziellen Gründen geschlossen.

Der große Erfolg des neuen Silbergeräts von Puiforcat war für andere Fabrikanten, wie Cardeilhac und Ravinet d'Enfert, ein deutlicher Hinweis auf die kommerziellen Perspektiven dieser neuen Stilrichtung (Kat.-Nrn. 104, 105). Die modernen Entwürfe, die sie von nun an fertigten, „bekamen ihre Schönheit durch die ungezwungene Ausführung, die straffe Form und die klaren polierten Oberflächen, die wie ein Spiegel das Tageslicht,

rijker dan rijke decoraties. Hun werk toont dan ook veel overeenkomsten met dat van hun Franse collega's. Zo vervaardigden de firma's Delheid en Wolfers uit Brussel eveneens moderne serviezen en schalen in zware onversierde geometrische vormen met grote dekselknoppen en grepen in ivoor of tropische houtsoorten (cat. nrs. 106, 108). De Duitse edelsmeedkunst ontwikkelde zich in de jaren twintig in een geheel andere richting dan het Franse en Belgische zilver. Zo telde dit land een opmerkelijk aantal zelfstandige zilversmeden waaronder August Haarstick (1882–1964) uit Bremen (cat. nr. 109) Diens geheel uit de hand gehamerde bokaal met zijn gesloten, ongedecoreerde

vorm is een karakteristiek voorbeeld van de vormentaal van het Duitse art deco-zilver.

Daar het land, zoals reeds gezegd, om politieke redenen was uitgesloten van deelname aan de grote tentoonstelling in Parijs in 1925, waren tot het midden van de jaren twintig slechts weinigen op de hoogte van deze nieuwe richting in de Duitse edelsmeedkunst. Dit veranderde na 1927. In dat jaar werd in het Grassi-museum in Leipzig de tentoonstelling *Europäisches Kunstgewerbe* georganiseerd. Richard Graul, de directeur van dit museum, wilde 'de aandacht der industriëlen te vestigen op het belang, dat artistieke vormgeving voor hun bedrijf hebben kan'.[29] Daar de ruimte in het muse-

um te klein was om alle belangstellende landen gelijktijdig te laten exposeren, werd slechts een beperkt aantal landen uitgenodigd de beste en meest recente ontwerpen voor textiel, glas, ceramiek, metaal en zilver in te zenden. Behalve het gastland Duitsland waren dat België, Denemarken, Frankrijk, Groot Brittannië, Nederland, Oostenrijk, Zwitserland en Tsjechoslowakije, die elk een eigen zaal tot hun beschikking hadden. Op de tentoonstelling in Leipzig maakten buitenlandse bezoekers voor het eerst sinds jaren kennis met het eigentijdse Duitse zilversmeedwerk en konden de Duitse bezoekers dit werk vergelijken met hetgeen elders werd geproduceerd. Zo trok het

were beginning to leave the *Wiener Werkstätte*; six years later not one of them remained. The firms of J.C. Klinkosch in Vienna (cat. no. 111) and Bruckmann in Heilbronn were already executing designs submitted to them on commission by Hoffmann and his assistant, the architect Oswald Härdtl (1899–1959).[26] In 1932 the *Wiener Werkstätte* closed down for financial reasons.

The worldwide acclaim met with by Puiforcat's startling designs for silver objects opened up entirely new prospects of commercial success with this new style for other makers such as Cardeilhac and Ravinet d'Enfert (cat. nos. 104,

105). The modern designs which they executed from now on 'achieved beauty with workmanship that looked effortless, taut shapes and clear, polished surfaces which reflect daylight or electric light like mirrors.'[27] The effect of monumentality created by the basic forms was enhanced by the frequent use of dark, exotic woods, ivory and hard semiprecious stones like malachite, jade and rock crystal. Purchasers of some models had a choice of finishes and materials. A Ravinet d'Enfert tureen, for instance, was also available with ivory handles and knop.[28] These objects not only look massive; they are, in fact, remarkably heavy. They tend

to be hand-made luxury articles which appealed to the fastidious French taste and the exacting demands made on them by discriminating French users. These handsome French Art Déco objects merited the commercial success they continued to command on into the 1950s, when they were still being sold by makers of fine silverware. The makers' marks reveal nothing of this long-lasting success because they were only rarely changed. In addition, the French system of hall-marking does not indicate years, unlike the provisions of British and Dutch assay-office regulations. The head of Minerva with the numeral '1' on her forehead had been the French

oder den Schein des elektrischen Lichtes reflektieren".[27] Die Monumentalität dieser Grundformen wurde noch verstärkt durch den vielfältigen Einsatz von dunklen exotischen Hölzern, Elfenbein und Edelsteinen wie Malachit, Jade und Bergkristall. In einigen Fällen konnten die Kunden zwischen verschiedenen Ausführungen wählen. So gibt es die Terrine von Ravinet d'Enfert auch mit Elfenbeingriffen und -knauf.[28] Die Formen dieser Objekte sehen nicht nur schwer aus, ihr Gewicht ist tatsächlich auffallend groß. Im allgemeinen handelt es sich um handgearbeitete Luxusausführungen, die den hohen Anforderungen der Franzosen entsprachen. Diese schönen franzö-

sischen Art Déco-Objekte hatten großen Erfolg und wurden bis in die 50er Jahre hinein von den Silberwarenherstellern vertrieben. An den Herstellermarken läßt sich das nicht ablesen, da diese nur selten geändert wurden. Außerdem kennt das französische Markensystem keine Jahrgangsbezeichnung, wie es in Großbritannien und den Niederlanden Vorschrift ist. Der Minerva-Kopf mit der Ziffer „1" vor der Stirn, seit 1838 das französische Garantiezeichen für 950er Silber, wurde erst 1973 geändert.

Auch den belgischen Silberwarenherstellern jener Zeit waren klare Formen wichtiger, als reiche Verzierungen. Ihr Werk zeigt viel Übereinstimmung

mit dem ihrer französischen Kollegen. So produzierten die Firmen Delheid und Wolfers aus Brüssel auch moderne Service und Schalen in schweren, unverzierten, geometrischen Formen mit großem Deckelknauf und Griffen aus Elfenbein oder tropischen Hölzern (Kat.-Nrn. 106, 108). Die deutsche Silberschmiedekunst entwickelte sich in den 20er Jahren in eine ganz andere Richtung, als das französische und belgische Silber. Es gab hier eine ansehnliche Zahl selbstständiger Silberschmiede, wie beispielsweise August Haarstick (1882–1964) aus Bremen (Kat.-Nr. 109). Dessen gänzlich von Hand gehämmerter Pokal ist, mit seiner geschlossenen, unverzierten Form, ein charak-

fraaie edelsmeedwerk van Emmy Roth (1885–1942) zoveel belangstelling, dat in het verslag over deze tentoonstelling drie foto's van haar werk werden opgenomen.[30] Zij was de eerste vrouwelijke zilversmid in Duitsland en had sinds 1916 een eigen werkplaats in Berlijn. Op tentoonstellingen oogstte zij veel succes met haar praktische gebruiksvoorwerpen in kloeke, vaak uiterst originele vormen. (cat. nrs. 110, 112) Daar zij joodse was, is zij na een tweejarig verblijf in Parijs in 1935 naar Palestina gegaan. Rond 1938 is zij naar Nederland gekomen en heeft daar zilver ontworpen voor serieproductie, dat vervaardigd werd door de Zilverfabriek Voorschoten (cat. nr. 129).

In Leipzig zagen bezoekers (veelal voor het eerst) ook voorwerpen die in de metaalwerkplaats van het Bauhaus waren vervaardigd. Dit tegenwoordig internationaal bekende opleidingsinstituut voor architectuur, beeldende en toegepaste kunst was in 1919 door Walter Gropius in Weimar opgericht met het doel een synthese tot stand te brengen tussen industrie en kunst. Onpersoonlijke, primaire vormen, als kegels, cilinders, hele en halve bollen waren met behulp van machines eenvoudig in series te produceren. De Duitse zilverindustrie nam deze vormentaal van de 'Nieuwe Zakelijkheid' nauwelijks over. Het droge mechanisch uiterlijk van dergelijke vormen was naar de mening

van velen slecht te verenigen met de essentie van een glanzend en zacht metaal als zilver. De gebruiksvoorwerpen van edelsmeden zoals Marianne Brandt (1893–1983), die in 1924 bij het Bauhaus haar opleiding was begonnen, werden meestal uitgevoerd in onedel verzilverd metaal. In zilver werden ze uitsluitend op bestelling gemaakt. Een opvallend kenmerk van haar ontwerpen is het veelvuldig gebruik van schijfvormige, houten oren. Zij was echter niet de enige die zulke eenvoudige handvatten toepaste. Ook een onbekende Nederlandse kunstenaar ontwierp voor de firma Van Kempen in Voorschoten een theeservies in een eenvoudige stereometrische vorm met platte, hou-

hallmark for 950 silver since 1838 until it was changed in 1973.
Belgian silverware manufacturers of that time also attached far greater importance to stringency of form than to sumptuous decoration. Their work is similar in many respects to that of their French contemporaries. The Brussels firms of Delheid and Wolfers, to take one example, also sold modern services and dishes in massive, undecorated geometric shapes sporting large knops on lids and handles of ivory or tropical woods (cat. nos. 106, 108).
In Germany silver went an entirely different direction in the 1920s to that taken by French

and Belgian silversmiths. Germany boasted an impressive number of freelance silversmiths, among them August Haarstick (1882–1964) of Bremen (cat. no. 109). The cup shown here is entirely hand-beaten; its form is complete in itself and devoid of decoration, making it a typical example of the prevailing German Art Déco style in silver.
Since Germany, as we have said, was not permitted for political reasons to participate in the great 1925 Paris Exhibition, the new development in German silver was almost unknown until the mid-1920s. Things changed overnight in 1927, when the Grassi Museum in Leipzig

mounted an international exhibition on *Europäisches Kunstgewerbe*. Richard Graul, Director of the Museum, wanted to 'draw industry's attention to the commercial potential artistic design might have for their businesses.'[29] Because the museum rooms did not have enough space for all important countries to exhibit simultaneously, only a limited number of countries were invited to submit exhibits representing their best and newest design in textiles, glass, ceramics, metalwork and silver. Apart from Germany, the host country, the following countries were represented – each in a room to itself: Belgium, Denmark, France, Great

teristisches Beispiel für die Formensprache des deutschen Art Déco-Silbers.
Da Deutschland, wie schon erwähnt, aus politischen Gründen von der Teilnahme an der großen Ausstellung in Paris 1925 ausgeschlossen wurde, war die neue Richtung der deutschen Silberschmiedekunst bis in die Mitte der 20er Jahre hinein nur wenigen bekannt. Dies änderte sich im Jahre 1927, als im Grassi-Museum in Leipzig die Ausstellung *Europäisches Kunstgewerbe* stattfand. Richard Graul, der Direktor des Museums, wollte „die Aufmerksamkeit der Industrie auf die Bedeutung lenken, die künstlerische Formgebung für ihren Betrieb haben kann".[29] Da die Räume in

dem Museum zu klein waren, um alle wichtigen Länder gleichzeitig ausstellen zu können, wurde lediglich eine begrenzte Anzahl Länder eingeladen, die besten und neuesten Entwürfe in den Materialien Textil, Glas, Keramik, Metall und Silber einzureichen. Außer dem Gastgeberland Deutschland waren – jeweils in einem eigenen Saal – Belgien, Dänemark, Frankreich, Großbritannien, die Niederlande, Österreich, Schweiz und die Tschechoslowakei vertreten. Auf der Ausstellung in Leipzig machten ausländische Besucher zum erstenmal Bekanntschaft mit dem zeitgenössischen deutschen Silbergerät; die deutschen Besucher konnten dieses mit den Produkten aus ande-

ren Ländern vergleichen. So stießen die Arbeiten von Emmy Roth (1885–1942) auf so großes Interesse, daß in einer Publikation über diese Ausstellung gleich drei Fotos ihres schönen Silbergeräts abgebildet wurden.[30] Emmy Roth war die erste Silberschmiedin Deutschlands und hatte seit 1916 eine eigene Werkstatt in Berlin. Mit ihren praktischen Gebrauchsgegenständen in kühnen, oft äußerst originellen Formen, hatte sie auf Ausstellungen viel Erfolg (Kat.-Nrn. 110, 112). Da sie Jüdin war, emigrierte sie nach zweijährigem Aufenthalt in Paris 1935 nach Palästina. Um 1938 kam sie in die Niederlande, um dort Silbergerät für eine Serienproduktion zu entwerfen, das von der Silber-

Drieladige Cassette No. 7.

23

8

9

8   Album gewaarborgd zilver schepwerk en cassettes,
    Gerritsen en Van Kempen, Zeist 1930
    Album: Hallmarked silver cutlery and canteens,
    Gerritsen and Van Kempen, Zeist 1930
    Album: Feinsilber-Bestecke und Kassetten, Gerrit-
    sen en Van Kempen, Zeist 1930

9   Bernhard Wenig, Hanau, ontwerp voor twee
    sigarettenkokers, 1903
    Bernhard Wenig, Hanau, design for two ciga-
    rette cases, 1903
    Bernhard Wenig, Hanau, Entwurf für zwei
    Zigarettenetuis, 1903

11

10

10 Georg Jensen, Kopenhagen, ontwerp voor een
theepot op comfoor, model 1
**Georg Jensen, Copenhagen, design for a teapot
and warmer, Model 1**
Georg Jensen, Kopenhagen, Entwurf für eine
Teekanne auf Stövchen, Modell 1

11 Het Oostenrijks paviljoen in aanbouw,
tentoonstellingsterrein Parijs, 1925
**The Austrian Pavilion under construction,
Exhibition grounds Paris, 1925**
Der österreichische Pavillon im Bau,
Ausstellungsgelände Paris, 1925

ten schijfjes als handvat (cat. nr. 84). Dit ontwerp dateert echter uit 1918, dus nog voordat het Bauhaus werd opgericht. In 1925 verhuisde het Bauhaus naar Dessau. Wilhelm Wagenfeld (1900–1990), die net als Marianne Brandt in de metaalwerkplaats van het Bauhaus werkte, bleef in Weimar en werd er in 1926 aangesteld als assistent in het metaalatelier van de Hochschule für Handwerk und Baukunst. Twee jaar later kreeg hij de leiding van dit atelier, waar behalve prototypen voor lampen ook enige zilveren en verzilverde voorwerpen zijn gemaakt (cat. nr. 101).[31]

Ook de inzending van de Deense zilverfabrikant A. Michelsen trok op de tentoonstelling in Leipzig veel aandacht. Hij toonde onder meer zilver naar ontwerp van Kay Fisker (1893–1965), de architect van het Deense paviljoen op de tentoonstelling in 1925, zoals een gladde kan in een voor die tijd zeer gewaagde organische vorm (cat. nr. 95). Ook gladde modernistisch vormgegeven kandelaars en diverse hoge achthoekige dozen met uiteenlopende scherpe profileringen behoorden tot de inzending.[32] Al deze objecten zijn waarschijnlijk speciaal voor deze tentoonstelling ontworpen maar tot na de Tweede Wereldoorlog in productie gebleven.

In een van de vitrines in de Nederlandse zaal werden de eerste resultaten getoond van vormexperimenten voor industriële zilverproductie. Zij waren vervaardigd in de Zilverfabriek Voorschoten.[33] Voor de ontwerper van deze voorwerpen, de directeur Carel Begeer (1883–1956), was de moderne dieptrekpers het middel bij uitstek om 'te geraken tot een nieuwe kunst, de kunst van het [zilveren] massaproduct'. Deze kunst zou ontstaan door de combinatie van 'elementaire factoren: vorm, materie en techniek'.[34] Zo is de wijnkan van een door hem ontworpen avondmaalsservies (cat. nr. 91) samengesteld uit twee cilinders, die verschillend zijn in diameter. De diameter van het bovendeel van de kan is gelijk aan die van de beker, de diameter van de onderste helft aan die van de offerbus.

Britain, the Netherlands, Austria, Switzerland and Czechoslovakia. Visitors from abroad to the Leipzig exhibition saw contemporary German silver for the first time; German visitors could now compare it with products from other countries. The work of Emmy Roth (1885–1942) met with such a positive response that three photographs of the lovely objects she made in silver were published in a single book on the Leipzig Exhibition.[30] Emmy Roth was the first woman silversmith in Germany and had had a workshop of her own in Berlin since 1916. She had been very successful at exhibitions with the entirely functional utilitarian objects she made in bold, often highly original forms (cat. nos. 110, 112). Since she was Jewish, she moved to Paris and from there, two years later, to Palestine in 1935. She went to the Netherlands in 1938 to design silver that was made industrially by the Voorschoten silverware factory (cat. no. 129).

In Leipzig visitors also saw (for many of them this was a first) silver that was made in the Bauhaus metalworking workshops. Today internationally renowned as a ground-breaking school which trained architects and artists in the fine and applied arts, the Bauhaus was founded in Weimar by Walter Gropius in 1919 with the aim of achieving a viable synthesis of art and industry. Articles designed in basic geometric forms like the cone, cylinder, hemisphere and sphere were to be mass produced by mechanical means. The problem was that German industry was almost entirely unaware of the formal idiom of what is known as New Objectivity. The cool, machine-made look of these shapes was – or people tended to think so – irreconcilable with the essential properties of a glossy, ductile metal like silver. Silversmiths like Marianne Brandt (1893–1983), who began studying at the Bauhaus in 1924, then tended to execute their designs in electro-plated base metals. They only used silver when commis-

warenfabrik Voorschoten ausgeführt wurde (Kat.-Nr. 129).

In Leipzig sahen die Besucher (viele zum ersten Mal) auch Gerät, das in den Metallwerkstätten des Bauhauses hergestellt wurde. Diese heute international bekannte Ausbildungsstätte für Architektur, bildende und angewandte Kunst, wurde 1919 von Walter Gropius in Weimar gegründet; ihr Ziel war eine Synthese von Kunst und Industrie. Grundformen, wie Kegel, Zylinder, ganze und halbe Kugeln sollten mit Hilfe von Maschinen einfach in Serie produziert werden. Die deutsche Industrie übernahm diese Formensprache der Neuen Sachlichkeit jedoch so gut wie nicht. Das kühle, mechanisch wirkende Äußere dieser Formen war – so meinte man – schlecht mit dem Wesen eines glänzenden und weichen Metalls wie etwa dem Silber in Einklang zu bringen. Das Gebrauchsgerät der Silberschmiede, wie das von Marianne Brandt (1893–1983), die 1924 ihr Studium am Bauhaus begann, wurde meistens in versilbertem, unedlem Metall ausgeführt. In echtem Silber wurde es ausschließlich auf Bestellung angefertigt. Ein auffallendes Merkmal ihrer Entwürfe ist der häufige Gebrauch scheibenförmiger hölzerner Henkel. Sie war jedoch nicht die einzige, die solch einfache Handgriffe einsetzte. Ein unbekannter niederländischer Künstler entwarf für die Firma van Kempen in Voorschoten ein Teeservice in einer einfachen, geometrischen Formensprache, mit flachen, hölzernen Scheiben als Handgriffen (Kat.-Nr. 84). Dieser Entwurf ist auf das Jahr 1918 datiert und liegt damit sogar noch vor der Gründung des Bauhauses. 1925 zog das Bauhaus nach Dessau. Wilhelm Wagenfeld (1900–1990), der ebenso wie Marianne Brandt in der Metallwerkstatt des Bauhauses studierte und arbeitete, blieb in Weimar und wurde dort 1926 als Assistent in der Metallwerkstatt der Hochschule für Handwerk und Baukunst angestellt. Zwei Jahre später bekam er die Leitung dieser Werkstatt übertragen, wo abgesehen von Prototypen für Lampen auch versil-

In Leipzig ontmoette Begeer Christa Ehrlich (1903–1995), een assistente van Josef Hoffmann, en vroeg haar naar Nederland te komen om zijn ideeën over industriële vormgeving in zilver nader uit te werken. Met het ontwerpen van driedimensionale metalen vormen had zij zich niet eerder bezig gehouden, maar in nauwe samenwerking met degenen die de ontwerpen moesten uitvoeren waren binnen enkele weken de eerste voorwerpen gereed. Haar meest oorspronkelijke ontwerp is ongetwijfeld het corpuswerk naar een gemeenschappelijke cilindervormige basisvorm. Het werd geproduceerd in vijf verschillende diameters en diverse hoogten, afhankelijk van de

bestemming van het voorwerp (cat. nr. 96). Zo veranderde bijvoorbeeld de theepot, als men tuit en handvat weglaat in een koektrommel. De melkkan zonder oor maar mét deksel was te gebruiken als theebusje, of in een hoge uitvoering met oor en deksel als mokkapot. Om te benadrukken dat zelfs aan het polijsten 'geen mensenhand meer te pas kwam', is het oppervlak geschuurd, zodat de voor zilver zo karakteristieke hoogglans ontbreekt. 'De speelschheid van het ongebonden handwerk' is hier vervangen door vormen die de machinetaal spreken, de taal van de toekomst.[35]
Ook in de Scandinavische landen vindt men de invloed van het functionalisme op de vormgeving.

Zo ontwierp Hanna Visund (1881–1974), die was opgeleid in het tekenatelier van de firma Tostrup in Oslo, in 1931 een opmerkelijk servies (cat. nr. 118).[36] De originele vorm van de halve bollen wordt hier geraffineerd geaccentueerd door een zwarte geëmailleerde rand langs de bovenzijde van thee- en suikerpot en melkkan.
Bij de firma Jensen ziet men rond 1930 eveneens een verandering in de vormgeving. Naast de vertrouwde ontwerpen in de succesvolle, 'klassieke' Jensen-stijl werden er nu innoverende ontwerpen van een jongere generatie geproduceerd. Zo typerend als de ontwerpen van Georg Jensen en Johan Rohde waren voor de productie tot 1925 waren

sioned to do so. A noticeable feature of their designs is the frequent use of disc-shaped wooden handles. Marianne Brandt was not the only nor even the first European silversmith to use such simple handles. A Dutch artist, who has remained anonymous, designed a tea set in a stringently austere, geometric formal idiom with flat, wooden discs as handles for van Kempen in Voorschoten (cat. no. 84). Dated to 1918, this design predates even the founding of the Bauhaus. In 1925 the Bauhaus moved to Dessau. Wilhelm Wagenfeld (1900–1990), who, like Marianne Brandt, trained and worked in the Bauhaus metalworking workshop, remained in

Weimar, where he was employed in 1926 as an assistant in the metalworking workshop of the *Hochschule für Handwerk und Baukunst* [Crafts and Architectural Arts Polytechnic]. Two years later he was made Director of the workshop, where, apart from prototypes for lamps, electroplated and silver utilitarian objects were made (cat. no. 101).[31]
Objects made by the Danish silverware manufacturer A. Michelsen were also a major attraction in Leipzig in 1927. Among the pieces Michelsen showed were several made after designs by the Danish architect Kay Fisker (1893–1965), who had designed the Danish

Pavilion at the 1925 Paris Exhibition. A notable Fisker design exhibited then is a smooth jug in an organic form which was very bold for the time (cat. no. 95). The original group also included smooth candelabra in Modernist shapes and octagonal caddies of varying heights and sharpness of edge.[32] All these objects were probably designed and made specially for the 1927 Leipzig Exhibition but continued in production until after the second world war.
One of the display cases in the Dutch Room contained the first fruits of experiments in form conducted on the viability of industrial production of articles in silver. These exhibits were

bertes und silbernes Gebrauchsgerät hergestellt wurde (Kat.-Nr. 101).[31]
Auch die Objekte des dänischen Silberwarenfabrikanten A. Michelsen stießen in Leipzig 1927 auf großes Interesse. Er zeigte unter anderem Gerät nach Entwürfen von Kay Fisker (1893–1965), dem Architekten des dänischen Pavillions auf der Pariser Ausstellung von 1925, wie beispielsweise eine glatte Kanne in einer für diese Zeit sehr gewagten, organischen Form (Kat.-Nr. 95). Auch glatte, modernistisch geformte Kerzenleuchter und verschieden hohe, achteckige Dosen mit unterschiedlich scharfen Profilen gehörten zu dieser Arbeiten.[32] Alle diese Objekte wurden wahrschein-

lich speziell für die Leipziger Ausstellung entworfen und ausgeführt, blieben aber bis nach dem Zweiten Weltkrieg in Produktion. In einer der Vitrinen im niederländischen Saal wurden die ersten Ergebnisse formaler Experimente für die industrielle Produktion von Silbergerät gezeigt. Sie wurden in der Silberwarenfabrik Voorschoten hergestellt.[33] Für den Entwerfer dieser Gegenstände, den Direktor Carel Begeer (1883–1956), war die moderne Tiefziehpresse das bevorzugte Mittel um „zu einer neuen Kunst zu gelangen, der Kunst des [silbernen] Massenprodukts". Diese Kunst sollte durch eine Kombination „elementarer Faktoren: Form, Material und Technik"[34] erreicht werden. So

besteht die Weinkanne eines von ihm entworfenen Abendmahl-Services (Kat.-Nr. 91) aus zwei Zylindern, die einen unterschiedlichen Durchmesser haben. Der Durchmesser des Kannenoberteils entspricht dem der Becher, der Durchmesser der unteren Hälfte der des Opferstocks.
In Leipzig begegnete Begeer Christa Ehrlich, einer Assistentin von Josef Hoffmann, und er lud sie ein, in die Niederlande zu kommen, um seine Ideen zur industriellen Herstellung von Silbergerät weiter voranzutreiben. Mit dem Entwerfen dreidimensionaler metallener Formen hatte sie sich bislang noch nicht beschäftigt. In enger Zusammenarbeit mit denjenigen, die die Entwürfe dann ausführen

dat de fraaie ontwerpen van Harald Nielsen (1892–1977) voor de nieuwe Jensen-stijl in de jaren dertig. Deze zwager van Georg Jensen was in 1909 als leerling in de werkplaats begonnen, maar al spoedig bleek dat hij een begaafd ontwerper was. Na 1927 heeft hij enkele bestekmodellen[37] en een groot aantal voorwerpen met eenvoudige gladde vormen ontworpen, soms met opvallende gestileerde ornamenten. (cat. nrs. 94, 114, 115) Na het overlijden van Georg Jensen in 1935 volgde hij hem op als artistiek directeur. Sigvard Bernadotte (1907), een zoon van koning Gustav VI Adolf van Zweden was in de jaren dertig de eerste ontwerper die definitief brak met de

vertrouwde bolle vormen en naturalistische of abstracte ornamenten. Hij had een duidelijke voorkeur voor strakke modernistische vormen met gegraveerde ruitmotieven en parallel lopende lijnen (cat. nr. 125).

Het succes van deze moderne Jensen-stijl' was van grote invloed op de vormgeving van het Deense fabriekszilver. Een zilverfabriek als Carl M. Cohr in Fredericia zou er zonder deze inspiratiebron waarschijnlijk nooit toe zijn gekomen zilver in nieuwe, zakelijke vormen te produceren (cat. nr. 124) Deze tafelbel is ontworpen door Hans Peter Jacobsen, (1892–?) die in 1926 als ontwerper bij deze firma in dienst trad. De zeer hoge eisen die bij Jensen

werden gesteld aan uitvoering en kwaliteit, zijn voor de doorsnee fabrikant commercieel gezien niet haalbaar. Zo werden in deze fabriek bijvoorbeeld sauskommen geproduceerd in een eenvoudige lichte (en dus goedkope) uitvoering met simpele kunststoffen handvatten, maar ook zware, met degelijke randen afgewerkte exemplaren (cat. nr. 120).

EPILOOG

Het succes van het zilver tussen 1880 en 1940 was in belangrijke mate te danken aan architecten, beeldhouwers en schilders. Zij wilden 'schoonheid' brengen in het dagelijks leven en ontwierpen

made by Voorschoten silverware factory.[33] As far as the factory director, Carel Begeer (1883–1956), was concerned, modern pressure diecasting and drop forging represented the best methods of 'arriving at a new art, the art of massproducing [silver].' This art was to be achieved by combining 'elemental factors: shape, material and technique'.[34] The wine cruet (or crewet) he designed for a set of Communion vessels (cat. no. 91), for instance, consists of two cylinders of differing diameter. The diameter of the upper part of the cruet is the same as that of the beaker and the diameter of its lower half matches that of the collection box.

In Leipzig Begeer met Christa Ehrlich, an assistant of Josef Hoffmann's, and he invited her to the Netherlands to further his ideas on mass-producing articles in silver. She had had no previous experience of designing three-dimensional shapes in metal. However, collaborating closely with those who would execute her designs, she managed to develop her first objects to the production stage. Ehrlich's most convincing design is for a multipurpose piece based on the cylinder (cat. no. 96). It was manufactured in five different diameters and in various heights and was entirely multifunctional. Her teapot could be changed into a kitchen jar – if the han-

dles were left off; a milk jug without handles but with a cover also made a tea-caddy or – in a taller variant with both a handle and a cover – a mocha pot. To underscore the fact that 'the human hand no longer played a role' even in burnishing, surfaces were ground with emery, which left them matt without the high gloss so typical of silver. 'The caprice of free craft' has, as *De Kroniek* put it in 1928, in this instance been supplanted by shapes which speak the vernacular of machines, the language of the future.[35]
In the Scandinavian countries, too, functionalism made a palpable impact on design. Hanna Visund (1881–1974), who had trained as a

sollten, wurden binnen weniger Wochen die ersten Objekte bis zur Produktionsreife entwickelt. Ehrlichs authentischster Entwurf ist zweifellos die Korpusware mit einem Zylinder als gemeinsamer Basis (Kat.-Nr. 96). Er wurde – abhängig von der Funktion – in fünf verschiedenen Durchmessern und in verschiedenen Höhen hergestellt. So verwandelte sich zum Beispiel die Teekanne – ließ man den Henkel weg – in eine Kuchendose; die Milchkanne ohne Henkel, aber dafür mit Deckel, wurde zur Teebüchse oder – in einer höheren Ausführung mit Henkel und Deckel – zur Mokkakanne. Um zu betonen, daß selbst beim Polieren „keine Menschenhand mehr beteiligt war", wurde die Oberfläche

geschmirgelt, so daß der für das Silber so typische Hochglanz fehlte. „Die Verspieltheit des ungebundenen Handwerks" ist hier, wie es 1928 in *De Kroniek* heißt, ersetzt durch Formen, die die Maschinensprache sprechen, die Sprache der Zukunft.[35] Auch in den skandinavischen Ländern findet man den Einfluß des Funktionalismus auf die Formgebung. So entwarf Hanna Visund (1881–1974), die im Zeichenatelier der Firma Tostrup in Oslo ausgebildet wurde, 1931 ein auffälliges Service (Kat.-Nr. 118).[36] Die ursprüngliche Form einer Halbkugel wird hier raffiniert akzentuiert durch einen schwarzen Emailrand längs der Oberseite der Teekanne, der Zuckerschale und der Milchkanne.

Bei der Firma Jensen kann man um 1930 ebenfalls einen Wandel in der Formensprache feststellen. Neben den vertrauten Entwürfen im erfolgreichen „klassischen" Jensen-Stil, werden nun neue Entwürfe einer neuen, jungen Generation produziert. So prägend die Entwürfe von Georg Jensen und Johan Rohde für die Produktion bis 1925 waren, so wurden das nun die Entwürfe von Harald Nielsen (1892–1977) für den neuen Jensen-Stil der dreißiger Jahre. Nielsen, ein Schwager von Georg Jensen, begann 1909 als Lehrling in der Werkstatt, aber schon bald zeigte sich seine Begabung als Entwerfer. Nach 1927 entwarf er einige Bestecke-Modelle[37] und eine große Zahl

gebruikszilver dat aangepast was aan de stijl van de toenmalige moderne woninginrichting. Zij moesten niets meer hebben van het historisme uit de negentiende en twintigste eeuw en wilden tijdgenoten doordringen van het feit dat een voorwerp ook zonder traditionele decoraties mooi kon zijn. Kunst in het dagelijks leven kon aanvankelijk slechts op kleine schaal gerealiseerd worden door bekwame ambachtslieden. Geleidelijk groeide het besef dat ook eerlijke gladde vormen mooi zijn, mits de verhoudingen goed zijn en de afwerking onberispelijk is. Met behulp van machines konden deze vormen, die gebaseerd waren op onpersoonlijke vormen, bol, cilinder en kegel, eenvou-

dig in serie worden vervaardigd. Maar serieproductie in de zilverindustrie is kleinschalig, want de afzetmogelijkheden zijn nu eenmaal beperkt. Daar zilverdesign uit de art nouveau en art deco slechts een klein percentage uitmaakt van de totale zilverproductie, is het betrekkelijk schaars. De zilvercultuur van onze voorouders uit de twintigste eeuw is geschiedenis geworden; de voorwerpen in deze catalogus geven een bescheiden afspiegeling van dit glanzende zilververleden.

1 Zie bijvoorbeeld Grotkamp-Schepers/Sänger 2000.
2 Verkoopcatalogus Begeer, Van Kempen en Vos, Nederlands Indië (Indonesië) ca. 1930, p. 129.
3 J.M. van Kempen, *Over vormen van Gouden en Zilveren Werken. Een woord ten geleide der voorwerpen, gezonden op de tentoonstelling te Londen*, Utrecht 1851.
4 Ibid.
5 *The work of Christopher Dresser*, en: *The Studio*, 1898, Vol. 15, no. 68, 1898, p. 104.
6 Halén 1990, p. 17.
7 Bij Boin Taburet in Parijs en Bonebakker in Amsterdam.
8 Julian 1974, p. 203.
9 Zie bijvoorbeeld Krekel-Aalberse 1989, *Silver of a New Era* 1992, Steel/Nys 1996, Nys 1998.
10 *British Decorative Art in 1899. The Arts and Crafts Exhibition*, en: The Studio, 1899, Vol. 18, p. 118–125.
11 Duncan 1999, Vol. V, p. 251–259.
12 *Frans Zwollo sr en zijn tijd*, Rotterdam/Arnhem/Hagen 1982, p. 55.
13 Tanaka Kikno (red.), *Iroka monbiki-chò* (familiewapen

draughtswoman in the Oslo studio of the firm of Tostrup, designed a stunning tea set in 1931 (cat. no. 118).[36] Her basic shape was the hemisphere, in this case accentuated by a border of black enamel along the upper part of the teapot, the sugar-bowl and the creamer. At Jensen, too, a change in the formal idiom can be observed in about 1930. The familiar pieces in the successful 'classic' Jensen style now rubbed shoulders with a new generation of fresh, young designs. Designs by Harald Nielsen (1892–1977) were now as much a Jensen hallmark of pieces produced up to 1925 as those of Georg Jensen and Johan Rohde had been seminal for the

1930s Jensen style which had been so innovative at the time. A brother-in-law of Georg Jensen's, Nielsen started out in 1909 in the workshop as an apprentice but his talent as a designer soon came to the fore. From 1927 he designed models for cutlery place-settings[37] and a great many objects distinguished by stringent clarity of form, some of them boasting strikingly stylized decoration (cat. no. 94, 114, 115). On Georg Jensen's death in 1935, Nielsen took over his position as art director of the firm. Sigvard Bernadotte (1907), a son of King Gustav VI Adolf of Sweden, was the first 1930s designer to abandon the by now familiar spheri-

cal shapes as well as both naturalistic and abstract decoration. He preferred crisply articulated, taut modern shapes engraved with diaper patterns and parallel lines (cat. no. 125). The persistent popularity of the modern Jensen style was to exert a profound influence on the design of industrially manufactured Danish silver. A silverware manufacturer like Carl M. Cohr in Fredericia would probably never have been inspired to produce silver in the new, objective formal idiom without the influence of Jensen. The Cohr table-bell (cat. no. 124) was made after a design by Hans Peter Jacobsen (1892–?), who entered the firm as a designer in 1926.

von Objekten mit einfachen, klaren Formen, die manchmal mit auffallenden, stilisierten Ornamenten versehen waren (Kat.-Nr. 94, 114, 115). Nach dem Tod Georg Jensens im Jahre 1935 übernahm Nielsen dessen Stellung als künstlerischer Direktor. Sigvard Bernadotte (1907), ein Sohn von König Gustav VI. Adolf von Schweden, war in den 30er Jahren der erste Gestalter, der mit den vertrauten Kugelformen, den naturalistischen und abstrakten Ornamenten brach. Er hatte eine große Vorliebe für straffe, moderne Formen mit eingravierten Rautenmotiven und parallel verlaufenden Linien (Kat.-Nr. 125).
Der Erfolg des modernen Jensen-Stils war von gro-

ßem Einfluß auf die Formgebung des dänischen Fabriksilbers. Ein Silberwarenhersteller wie Carl M. Cohr in Fredericia hätte ohne diese Inspirationsquelle wahrscheinlich nie Silbergerät in der neuen, sachlichen Formensprache produziert. Die Tischglocke (Kat.-Nr. 124) ist ein Entwurf von Hans Peter Jacobsen (1892–?), der 1926 als Designer in diese Firma eintrat. Die sehr hohen Ansprüche an Ausführung und Qualität, die bei Jensen gestellt wurden, waren für die durchschnittlichen Silberwarenhersteller kommerziell nicht erreichbar. So wurden in diesen Firmen beispielsweise Saucieren sowohl in einer einfachen, leichten (und damit preiswerten) Ausführung mit einfachen Kunst-

stoffhandgriffen hergestellt, als auch schwere, mit gediegenen Rändern gearbeitete Exemplare (Kat.-Nr. 120).

EPILOG

Der Erfolg des Silbers zwischen 1880 und 1940 ist in großem Maße den Architekten, Bildhauern und Malern zu verdanken. Sie wollten „Schönheit" in das tägliche Leben bringen und entwarfen Gebrauchssilber, das dem Stil der damaligen modernen Wohnungseinrichtung entsprach. Sie wandten sich vom Historismus des 19. Jahrhunderts ab und wollten ihren Zeitgenossen deutlich machen, daß ein Entwurf auch ohne traditionel-

lexicon volgens het iroha-systeem) Tokio 1881. Met dank aan de heer K. Vos, Leiden.

14 Zie bijvoorbeeld *Kunst und Kunsthandwerk*, 1901, p. 124 en 125 en *Revue de la Bijouterie, Joaillerie et Orfèvrerie*, 1900, p. 82–87.

15 Brief d.d. 17-2-1999. Met dank aan mevrouw dr Elisabeth Schmuttermeier, Wenen.

16 Ondermeer bij de firma Bonebakker in Amsterdam. Met dank aan drs Y. van den Heuvel.

17 *Cymryc silver*, verkoopcatalogus, 1899, p.5.

18 Crawford 1985, p. 340.

19 Peter Bruckmann, *Einiges über die Ausstellung meiner Firma in Brüssel 1910*, en: *Die Goldschmiedekunst,* 32, 1911, p. 18.

20 Catalogus Elkington *Plate and Silver Spoons and Forks*. Het Elkington filiaal in Glasgow, 42 Buchanan Street, werd geopend in 1898. Archive of Art and Design, London, AAD 3-1919, pl. 30, Vol. 12.

21 Julius Hoffmann junior, *Der moderne Stil*, Stuttgart 1905, p. 96.

22 Jessen 1915, afb. 101.

23 Op. cit. Zie noot 15.

24 Persoonskaart. In december 1918 kwam hij uit Sträqeri en vestigde zich in Blaricum. Vertrekt 26-3-1921 met vrouw en dochter naar Parijs. C. B. van Dongen, (bew.), *Nederlandse Verantwoordelijkheidstekens sinds 1797*, nrs. m 51557 en 70577.

25 Brief C.J.A. Begeer aan Peter Bruckmann d.d. 21-12-1925.

26 Bruckmann-Ausstellung, Heilbronn 2001.

27 Henri Clouzot, *Décor de la table*, en: *The Studio*, Vol. 100, oktober 1930, p. 288.

28 Pierre Kjelberg, *l'orfèvrerie des années 20*, en: *Connaissance des Arts*, januari 1981, p. 82.

29 CJAB, Archief Van Kempen en Begeer Museum.

30 Met dank aan dr. Chana Schutz en dr. Dedo von Kerssenbrock-Krosigk, Berlijn.
Leipzig 1928, afb. 15, 86, 100.

31 Berlijn 1996, p. 197–200.

32 Leipzig 1928, afb. 9 en 54.

33 In 1919 fuseerden Van Kempen en Begeer en werd de

'Zilverfabriek Voorschoten' een dochterbedrijf van de 'Koninklijke Nederlandsche Edelmetaal Bedrijven. Zie Krekel-Aalberse, 2001.

34 *De V.A.N.K op bezoek in de Zilverfabriek "Voorschoten"*, en: *De Nieuwe Rotterdamsche Courant*, 12 juli 1927.

35 *Zilverwerken voor de Zilverfabriek "Voorschoten" ontworpen door Christa Ehrlich*, en: *De Kroniek*, november 1928, p.3.

36 Brief d.d. 15-3-1993. Met dank aan Dr Widar Halén, Oslo.

37 Met dank aan Michael von Essen, Kopenhagen voor de dateringen.

CONCLUSION

The success of silver designed and made between 1880 and 1940 is due to a large extent to the architects, sculptors and painters who wanted to bring 'beauty' into everyday living and to this end designed utilitarian silver objects to match the style of modern furnishings and interiors. Rejecting 19th-century Historicism, they wanted to make clear to their contemporaries that a design could be beautiful even without the traditional decoration. Awareness gradually grew that pure, clear form could be beautiful in itself, provided the proportions were right and the workmanship immaculate.

With the aid of machines such designs, which were based on basic geometric forms like the sphere, cylinder and cone, could easily be mass-produced. Yet mass production remained limited in the silverware industry because there was not a very large market for such products. Moreover, Art Nouveau/Jugendstil and Art Déco design in silver represented only a small proportion of the total output in silverware. Our grandparents' cult of silver in the last two centuries has made history and the objects in the present catalogue can only convey a modest glimpse of the (untarnished) brilliance of that long vanished era.

1 See for instance Grotkamp-Schepers/Sänger 2000.

2 Sale catalogue Begeer, Van Kempen en Vos, Dutch East Indies (Indonesia) ca 1930, p. 129.

3 J.M. van Kempen, *On the forms of wrought gold and silver objects. A word of introduction for the specimens of art sent to the Great London Exhibition by J.M. van Kempen, Gold- and Silversmith to his Majesty the King of the Netherlands. Utrecht 1851. Translated from the Dutch*, Utrecht 1851.

4 Ibid.

5 *The work of Christopher Dresser*, in: *The Studio*, Vol. 15, No. 68, 1898, p. 104.

6 Halén 1990, p. 17.

7 At Boin Taburet in Paris and Bonebakker in Amsterdam.

8 Julian 1974, p. 203.

9 See Krekel-Aalberse 1989, *Silver of a New Era* 1992, Steel/Nys 1996, Nys 1998.

10 *British Decorative Art in 1899. The Arts and Crafts Exhibition*, in: *The Studio*, 1899, Vol. 18, pp. 118–125.

11 Duncan 1999, Vol. V, pp. 251–229.

len Dekor schön sein kann. Langsam wuchs das Bewußtsein für eine Ästhetik der reinen, klaren Formen, vorausgesetzt die Proportionen stimmten und die Verarbeitung war tadellos. Mit Hilfe von Maschinen ließen sich diese Entwürfe, die auf den geometrischen Grundformen Kugel, Zylinder und Kegel aufbauten, einfach in Serie herstellen. Doch blieb die Serienproduktion in der Silberwarenindustrie wegen der geringen Absatzmöglichkeiten begrenzt. Das Silberdesign des Jugendstils und des Art Déco stellt zudem lediglich einen geringen Prozentsatz der gesamten Silberwarenproduktion dar. Die Silberkultur der letzten zwei Jahrhunderte ist Geschichte geworden, und auch

die Objekte in diesem Katalog können nur ein bescheidenes Bild dieser (silbern) glänzenden Vergangenheit vermitteln.

1 Siehe z.B. Grotkamp-Schepers/Sänger 2000.

2 Verkaufskatalog Begeer, Van Kempen en Vos, Niederländisch Ostindien (Indonesien) ca. 1930, S. 129.

3 J.M. van Kempen, *Over vormen van Gouden en Zilveren Werken*. Begleitwort zu den Arbeiten, gesandt zu der Ausstellung nach London, Utrecht 1851.

4 Ibid.

5 *The work of Christopher Dresser*, in: *The Studio*, Band 15, Nr. 68, 1898, S. 104.

6 Halén 1990, S. 17.

7 Bei Boin Taburet in Paris und Bonebakker in Amsterdam.

8 Julian 1974, S. 203.

9 Siehe z.B. Krekel-Aalberse 1989, *Silver of a New Era* 1992, Steel/Nys 1996, Nys 1998.

10 *British Decorative Art in 1899. The Arts and Crafts Exhibition*, in: *The Studio*, 1899, Band 18, S. 118–125.

11 Duncan 1999, Band V, S. 251–229.

12 *Frans Zwollo sr en zijn tijd,* Rotterdam/Arnheim/Hagen 1982, S. 55.

13 Tanaka Kikno (red.), *Iroka monbiki-chô* (Familienwappenlexikon nach dem Iroha-System), Tokio 1881. Dank an Herrn K. Vos, Leiden.

14 Siehe z.B. *Kunst und Kunsthandwerk*, 1901, S. 124 und 125 und *Revue de la Bijouterie, Joalillerie et Orfèvrerie*, 1900, S. 2–87.

15 Brief vom 17.2.1999. Dank an Frau Dr. Elisabeth Schmuttermeier, Wien.

16 Unter anderem bei der Firma Bonebakker in Amsterdam. Dank an Drs. Y. van den Heuvel.

17 *Cymryc silver*, Verkaufskatalog, 1899, S. 5.

18 Crawford 1985, S. 340.

19 Peter Bruckmann, *Einiges über die Ausstellung meiner Firma in Brüssel 1910*, in: *Die Goldschmiedekunst*, 32, 1911, S.18.

12 *Frans Zwollo sr en zijn tijd,* Rotterdam/Arnhem/Hagen 1982, p. 55.
13 Tanaka Kikno (red.), *Iroka monbiki-chò* (Dictionary of heraldic badges on the Iroha System), Tokyo 1881. Our thanks to Mr K. Vos, Leiden.
14 See *Kunst and Kunsthandwerk*, 1901, p. 124 and p. 125 and *Revue de la Bijouterie, Joalillerie et Orfèvrerie*, 1900, pp. 2–87.
15 Letter of 17 Feb. 1999. We are indebted to Dr. Elisabeth Schmuttermeier, Vienna.
16 By the firm of Bonebakker in Amsterdam, among others. Our thanks to Dr. Y. van den Heuvel for pointing this out.
17 *Cymryc silver,* sale catalogue, 1899, p. 5.
18 Crawford 1985, p. 340.
19 Peter Bruckmann, *Einiges über die Ausstellung meiner Firma in Brüssel 1910*, in: *Die Goldschmiedekunst*, 32, 1911, p. 18.
20 Elkington Catalogue, *Plate and Silver Spoons and Forks*. The Glasgow Elkington branch at 42 Buchanan Street was opened in 1898. Archive of Art and Design, London, AAD 3-1919, pl. 30, Vol. 12.
21 Julius Hoffmann junior, *Der moderne Stil*, Stuttgart 1905, p. 96.
22 Jessen 1915, fig. 101. The model for five candles (cat. no. 81) was sold in the Netherlands in one of the Begeer, Van Kempen en Vos shops in 1924.
23 Op. cit. See n. 15.
24 Personal file; in December 1918 he left Strägeri to settle in Blaricum. He moved with his wife and daughter to Paris on 26. Mar. 1921. C.B. van Dongen, *Nederlandse Verantwoordelijkheidstekens sinds 1797*, nos. m 51557 and 70577.
25 Letter from C.J. Begeer to Peter Bruckmann dated 21 Dec. 1925.
26 Bruckmann exhibition, Heilbronn 2001.
27 Henri Clouzot, *Décor de la table*, in: *The Studio*, Vol. 100, October 1930, p. 288.
28 Pierre Kjelberg, *l'orfèvrerie des années 20*, in: *Connaissance des Arts*, January 1981, p. 82.
29 CJAB, Van Kempen and Begeer Museum archives.
30 We would like to thank Dr. Chana Schutz and Dr. Dedo von Kerssenbrock-Krosigk, Berlin. Leipzig 1928, fig. 15, 86, 100.
31 Berlin 1996, pp. 197–200.
32 Leipzig 1928, fig. 9 and fig. 54.
33 In 1919 van Kempen and Begeer merged to become 'Zilverfabriek Voorschoten', a subsidiary of 'Koninklijke Nederlandse Edelmetaal Bedrijven'. See Krekel-Aalberse, 2001.
34 *De V.A.N.K op bezoek in de Zilverfabriek "Voorschoten",* in: *De Nieuwe Rotterdamsche Courant,* 12 July 1927.
35 *Zilverwerken voor de 'Zilverfabriek Voorschoten' ontworpen door Christa Ehrlich*, in: *De Kroniek*, November 1928, p. 3.
36 Letter of 15 Mar. 1993. Our thanks to Dr. Widar Halén, Oslo.
37 We are indebted to Michael von Essen, Copenhagen, for the date.

20 Katalog Elkington, *Plate and Silver Spoons and Forks*. Die Elkington Filiale, Glasgow, 42 Buchanan Street, wurde 1898 eröffnet. Archive of Art and Design, London, AAD 3-1919, pl. 30, Vol. 12.
21 Julius Hoffmann junior, *Der moderne Stil*, Stuttgart 1905, S. 96.
22 Jessen 1915, Abb. 101. Die Variante für fünf Kerzen (Kat.-Nr. 81) ist 1924 in einem der Läden von Begeer, Van Kempen en Vos in den Niederlanden verkauft worden.
23 Op. cit. Siehe unter 15.
24 Personalakte; im Dezember 1918 kam er aus Strägeri und ließ sich in Blaricum nieder. Er zog am 26.3.1921 mit Frau und Tochter nach Paris. C.B. van Dongen, *Nederlandse Verantwoordelijkheidstekens sinds 1797*, Nr. m 51557 und 70577.
25 Brief C.J.A. Begeer an Peter Bruckmann vom 21.12.1925.
26 Bruckmann-Ausstellung, Heilbronn 2001.
27 Henri Clouzot, *Décor de la table*, in: *The Studio*, Band 100, Oktober 1930, S. 288.
28 Pierre Kjelberg, *l'orfèvrerie des années 20*, in: *Connaissance des Arts*, Januar 1981, S. 82.
29 CJAB, Archiv Van Kempen und Begeer Museum.
30 Dank an Dr. Chana Schutz und Dr. Dedo von Kerssenbrock-Krosigk, Berlin. Leipzig 1928, Abb. 15, 86, 100.
31 Berlin 1996, S. 197–200.
32 Leipzig 1928, Abb. 9 und 54.
33 1919 fusionierten van Kempen und Begeer und wurden zur Zilverfabriek Voorschoten, einem Tochterbetrieb der Koninklijke Nederlandse Edelmetaal Bedrijven. Siehe Krekel-Aalberse, 2001.
34 *De V.A.N.K op bezoek in de Zilverfabriek „Voorschoten",* in: *De Nieuwe Rotterdamsche Courant,* 12. Juli 1927.
35 *Zilverwerken voor de 'Zilverfabriek Voorschoten' ontworpen door Christa Ehrlich*, in: *De Kroniek*, November 1928, S. 3.
36 Brief vom 15.3.1993. Mit Dank an Dr. Widar Halén, Oslo.
37 Dank an Michael von Essen, Kopenhagen, für die Datierungen.

CATALOGUS

De voorwerpen zijn in chronologische volgorde geplaatst.

Engelse (GB), Nederlandse (NL) en de meeste Deense (DK) objecten in deze collectie zijn te dateren daar deze vrijwel zonder uitzondering voorzien zijn van jaartallen en -letters. Op zilver uit Frankrijk (F), België (B), Duitsland (D), Oostenrijk (A) en Noorwegen (N) komen geen jaarletters voor, zodat deze veelal slechts bij benadering zijn te dateren. Ontwerper en uitvoering worden afzonderlijk vermeld als de uitvoering in een fabriek tot stand kwam en de naam van de ontwerper bekend is.

'After' gevolgd door een jaartal geeft het jaar aan waarin een voorwerp is ontworpen. De tussen haakjes geplaatste cijfers voorafgegaan door een 'M' verwijzen naar het merkenregister.

Het zilvergehalte van de voorwerpen is in cijfers uitgedrukt.

CATALOGUE

The catalogue that follows is in chronological order.

The objects from this collection from England (GB), the Netherlands (NL) and most of those from Denmark (DK) are easy to date since nearly all of them bear date letters. Since neither date letters nor dates appear on silver from France (F), Belgium (B), Germany (D), Austria (A) and Norway (N), it is only possible to date such pieces approximately.

Designers and makers are listed separately for pieces made in factories and if the designer's name is known.

'After' followed by a date indicates the year in which an object was designed. Numerals preceded by 'M' refer to the index of marks. The silver content of the objects is given in figures as marked.

KATALOG

Der nachfolgende Katalog ist chronologisch geordnet.

Die Objekte dieser Sammlung aus England (GB), den Niederlanden (NL) und die meisten aus Dänemark (DK) sind einfach zu datieren, da sie nahezu ausnahmslos mit Jahresangaben versehen sind. Auf dem Silber aus Frankreich (F), Belgien (B), Deutschland (D), Österreich (A), und Norwegen (N) finden sich weder Jahresbuchstaben noch -zahlen, so daß eine Datierung nur annäherungsweise möglich ist.

Entwerfer und Hersteller sind getrennt aufgeführt, wenn die Ausführung in einer Fabrik erfolgte und der Name des Entwerfers bekannt ist.

„After" mit nachfolgender Jahreszahl gibt das Jahr an, in dem ein Objekt entworfen wurde. Ziffern mit vorangestelltem „M" verweisen auf das Markenregister.

Der Silbergehalt der Objekte ist in Zahlen angegeben.

1

1 Picnic tea set
Christopher Dresser (1834–1904)
Hukin & Heath, London/GB,
1000 (M 37)
Teapot H 9 cm
Cream-jug H 5.5 cm
Sugar-bowl H 6 cm
0.925 silver and wicker, 450 g
R: Patent office registration mark: 18/10/1879

2 Cruet stand with salt, mustard jar and condiment dish in its original case
Christopher Dresser (1834–1904)
Hukin & Heath, Birmingham/GB,
1881 (M 29)
H 9 cm,
Mustard spoon L 6.3 cm
Salt spoon L 5.7 cm
0.925 silver and glass
R: Patent office registration mark:
11/05/1878

2

3 ▶

3 Tea service

▶ See also colour plate I
Attributed to Christopher Dresser
(1834–1904)
Heath & Middleton (M 36)
Hot-water kettle on stand, Birmingham/GB, 1895,
H 23.5 cm
Teapot, London/GB, 1894, H 8.8 cm
Cream-jug and sugar-bowl, London/GB, 1901,
H 5.6 and 6.3 cm
0.925 silver and wicker, 875 g

4 Bowl

Niels Georg Henriksen (1855–1922)
A. Michelsen, Copenhagen/DK,
1893 (M 43)
H 9 cm, D 22 cm
0.925 silver, 660 g

4

5

6

5 Parasol handle
Cornelis Leonardus Johannes Begeer
(1868–1945)
C.J. Begeer, Utrecht/NL, 1895 (M 67)
H 4 cm
0.835 silver

6 Tea-caddy
Cornelis Leonardus Johannes Begeer
(1868–1945)
C.J. Begeer, Utrecht/NL, ca 1895
H 11 cm
0.934 silver and gold, 226 g

7 Sweetmeat box
E. Puiforcat, Paris/F, ca 1895 (M 17)
H 6 cm, D 13.5
0.950 silver, gilt interior, 268 g

7

8

8 Belt buckle
Maker's mark 'M V', Paris/F,
ca 1895 (M 45)
6.5 x 5 cm
0.800 silver, 33 g

9 Tea-kettle
Ikoma, Japan,
Meiji period (1868–1912; M 66)
H 15 cm
Jun (= pure silver) 410 g

9

10

10 Plate
Gilbert Leigh Marks (1861–1905),
London/GB, 1897 (M 26)
D 22 cm
0.925 silver, 330 g

11 Cape clasp in original box
Ferdinand Erhart, Paris/F, 1899 (M 18)
12.9 x 8 cm
0.800 silver, 98 g
R: Illustration in: Henri Vever, La Bijouterie
Française, Paris 1908, Vol. 3, p. 545

12 Salver
Wolfers Frères, Brussels/B,
ca 1898 (M 71)
D 31.5 cm
0.800 silver, 625 g
R: Inscription: '1873 – 18 Juni – 1898'

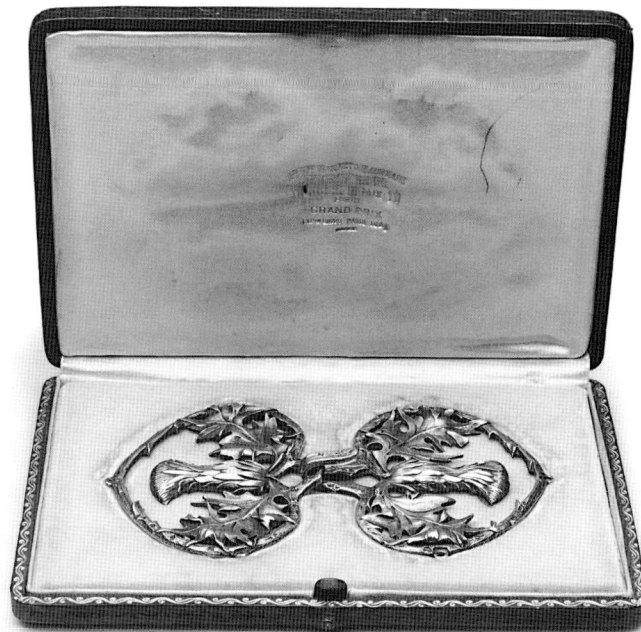

11

12

13

14

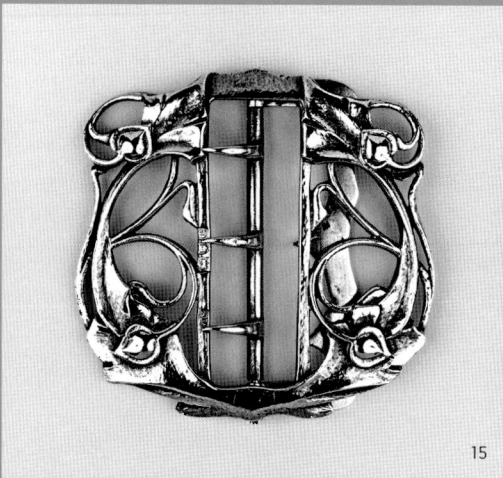

15

13 Cream-jug
Liberty & Co, Birmingham/GB,
1900 (M 39)
H 11.5 cm
0.925 silver, 145 g

14 Inkwell
Charles Robert Ashbee (1863–1942)
Guild of Handicraft, London/GB,
1900 (M 10)
H 11.5 cm
0.925 silver, chrysophrase, 168 g,
pale green glass liner

15 Belt buckle
Liberty & Co, London/GB,
1900 (M 41)
6.3 x 6.5 cm
0.925 silver, 51 g
R: An identical buckle, set with four turquoises,
is reproduced in the sales catalogue
Cymric Silver, 1899, p. 89, selling price £2.5s

16 Cake basket
Charles Robert Ashbee (1863–1942)
Guild of Handicraft, London/GB,
1899 (M 10)
H 17.5 cm, D 27.5 cm
0.925 silver, 570 g

16

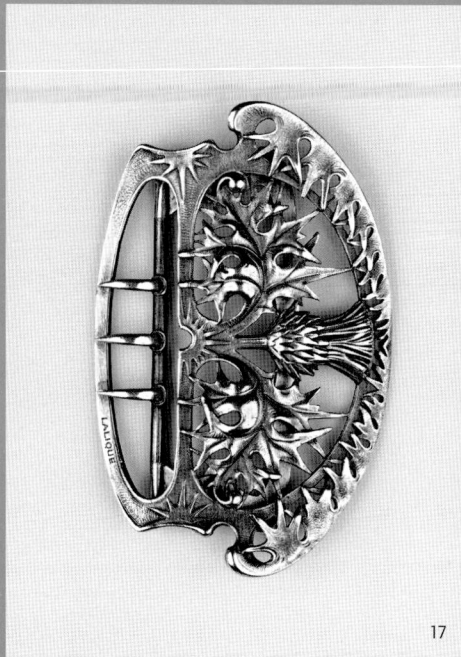

17

17 Belt buckle
Antoine Bricteux, Paris/F,
ca 1900 (M 1)
7.8 x 5 cm
0.800 silver, 41 g
R: As far as is known, Lalique never sold
jewellery made by Bricteux; why his name
is engraved on the front is not known

18 Jardinière
Alphonse Debain, Paris/F,
ca 1900 (M 2)
7.8 x 16.5 x 7 cm
0.950 silver, silver-gilt insert, 240 g
R: 1900 Paris Exhibition

19 Bread basket
Christofle & Cie, Paris/F,
ca 1900 (M 8)
7.5 x 35 x 22 cm
0.950 silver, 663 g
R: Model no. 670 4191

18

19

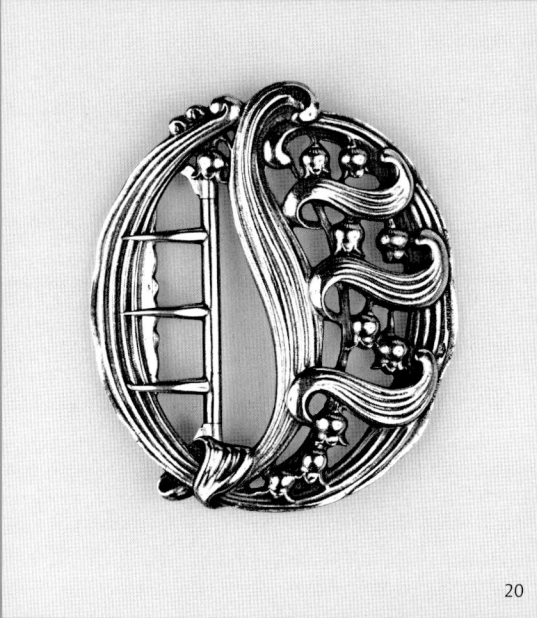

20

20 Belt buckle
E. Cardeilhac, Paris∕F,
ca 1900 (M 14)
6.6 x 5.6 cm
0.800 silver, parcel-gilt,
48 g

21 Porringer
E. Cardeilhac, Paris∕F,
ca 1900 (M 14)
5.5 x 20.4 x 12.3 cm
0.950 silver, gold and ivory,
228 g

22 Jug
Gustave Keller Frères, Paris∕F,
ca 1900 (M 25)
H 19.5
0.950 silver and wicker, gilt interior,
513 g

21

»ARNOLDSCHE-Bücher gehören mit zum Besten, was es heute gibt   ARNOLDSCHE is surely producing some of the best work available today« (Silver Magazine, USA)

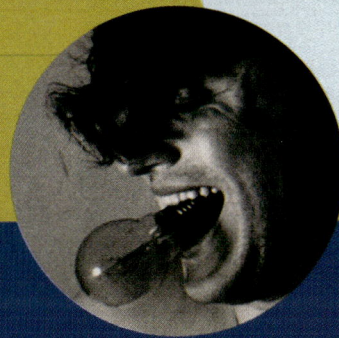

ARNOLDSCHE
Art Publishers

»Best Photographic Book of the Years 1998–1999«

(Primavera Fotográfica, Barcelona)

BIRGUS · BONHOMME · DUFEK · MLCOCH · SRP
Tschechische Avantgarde-Fotografie 1918–1948
304 p., 236 ill. Leinen/Cloth.
In German.
ISBN 3-89790-011-4, DM 98

Die Wiederentdeckung der tsche-chischen Avantgarde-Fotografie zwischen 1918 und 1948, dar-gestellt im Kontext der sie beein-flussenden Strömungen des Kubismus, Funktionalismus und Surrealismus.

The rediscovery of Czech avant-garde photography between 1918 and 1948, put into context with influences from Cubism, Function-alism and Surrealism.

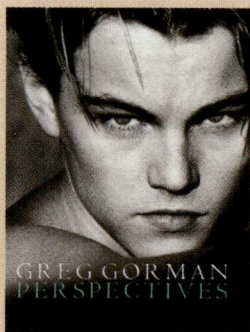

Greg Gorman
Perspectives
216 p., 210 ill. Hardcover.
In English and German.
ISBN 3-89790-012-2, DM 78

158 Hollywood-Schauspieler, Künstler und Musiker, aber auch bestechende Aktaufnahmen männlicher und weiblicher Models machen dieses Buch zu einem absoluten Muß für alle Fotolieb-haber.

158 Hollywood actors, artists and musicians as well as striking nude portraits of male and female mod-els make the book an absolute must for all lovers of photography.

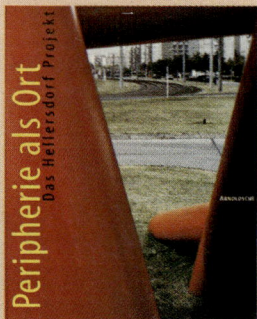

DOMRÖSE · GELFORT (HRSG./EDS.)
Peripherie als Ort
Das Hellersdorf Projekt
196 p., 142 ill. Hardcover.
In German.
ISBN 3-89790-010-6, DM 68

Vier Fotografen und drei Journa-listen beleuchten das Leben und Wohnen in der »Platte« vor den Toren Berlins. Ein außergewöhn-licher Fotoband!

Four photographers, and three journalists find their way into the lives and habitats of a prefab set-tlement on the fringes of Berlin. An outstanding collection of pho-tographs!

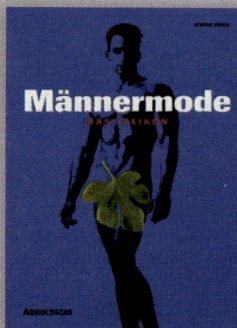

STEFAN THULL
Männermode
Das Lexikon
192 p., 395 ill. Hardcover.
In German.
ISBN 3-925369-70-8, DM 78

Das MÄNNERMODE-LEXIKON bietet erstmals einen großen Fundus an Informationen zu allen Kleidungsfragen für den Mann: viele Antworten zu Ursprung und Material, Pflege und Einkauf. In 13 Kapiteln wird man(n) erst auf-geklärt, dann angezogen.

The MEN'S FASHION dictionary is the first publication that provides a rich mine of information on all aspects of menswear, with copi-ous notes on origin and material, advice on care and hints for cus-tomers. Thirteen chapters to get enlightened and enclothed.

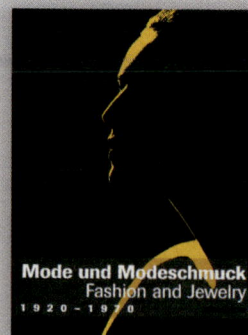

WEBER · MÖLLER
Mode und Modeschmuck
1920–1970
Fashion and Jewelry
1920–1970
272 p., 500 ill. Hardcover.
In English and German.
ISBN 3-925369-23-6, DM 148

Bücher über Mode und Schmuck gibt es viele – »das opulent aus-gestattete Werk aus der Arnold-schen Verlagsanstalt leistet [...] Pionierarbeit!« (Ornamente) Erstmals werden Mode und zeit-gleich entstandener Modeschmuck einander gegenübergestellt, um so deren Wechselbeziehungen zu veranschaulichen.

There are books on fashion and jewellery galore – »the sump-tuously designed book from the Arnoldsche Verlagsanstalt is … a pioneering contribution!« (Ornamente) For the first time, fashion and fashionable jewellery of their times are shown side by side, highlighting their interacting attractions.

»Ein fundiertes Nachschlagewerk durch den Dschun-gel der textilen Anstandsregeln«

(Annabelle)

»A well-researched reference guide through the jungle of fashion etiquette«

(Annabelle)

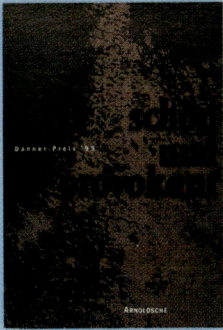

schön und provokant
beautiful and provocative
156 p., 119 ill. Broschur/Flock-
textile binding. In English and
German.
ISBN 3-925369-93-7, DM 78

Aktuelle Standpunkte des kunst-
handwerklichen Schaffens in
Deutschland. Die Arbeiten belegen eindrucksvoll das breite
kreative Spektrum und die große
Lebendigkeit des zeitgenössischen
Kunsthandwerks in Deutschland.

The state of the art of German
arts and crafts. The selected
works are impressive proof of the
broad creative range and great
liveliness among contemporary
German craftsmen.

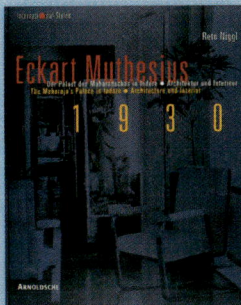

**In einer einmaligen Aufmachung
aus Recycling-Material und einer
bemerkenswerten Gestaltung –
»die Bibel des Plastics.«**
(Welt der Wunder/PRO 7)

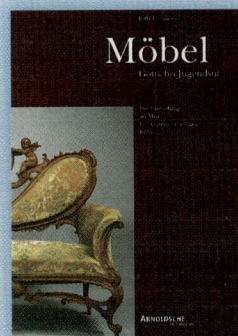

FLORIAN HUFNAGL (HRSG./ED.)
Plastics + Design
164 p., 140 ill. Im Kunststoff-
Schuber/in plastic slipcase.
In English and German.
ISBN 3-925369-72-4, DM 98

**»Das Buch läßt keinen Aspekt
des Life in plastic unbeachtet.«**
(MAX)
Mehrfach international prämiert!

**»A book that leaves no aspect
of Life in Plastics unexplored.«**
(MAX)
Several international awards!

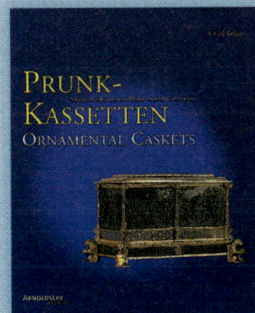

**Distinctly packaged
from recycled material
and superbly designed –
»the Bible of Plastics.«**
(Welt der Wunder/PRO 7).

RETO NIGGL
Eckart Muthesius
International Style 1930
176 p., 214 ill. Hardcover.
In English and German.
ISBN 3-925369-55-4, DM 88

Großartige Publikation über die-
ses spektakuläre und vergessene
»Raumkunstwerk« nach origina-
len Fotografien. »... **ein stilvoller
Designkatalog**« (Süddeutsche
Zeitung)

An outstanding publication about
this spectacular and forgotten
»spatial work of art« based on
original photographs. »... **a stylish
design catalogue**« (Süddeutsche
Zeitung)

EWALD BERGER
Prunk-Kassetten
Ornamental Caskets
320 p., 490 ill. Leinen/Cloth.
In English and German.
ISBN 3-925369-83-X, DM 148

Erster und einzigartiger Überblick
zur Entstehungs- und Entwick-
lungsgeschichte alter Kästchen
und Kassetten höchster Qualität.

A first unique survey on the evolu-
tion and development of antique
caskets and coffers of supreme
quality.

EDLA COLSMAN
Möbel: Gotik bis
Jugendstil
528 p., 441 ill. Leinen/Cloth.
In German.
ISBN 3-925369-08-2, DM 148

Ein unverzichtbares Handbuch der
mitteleuropäischen Möbelge-
schichte von der Gotik bis zum
Jugendstil, das den Objekten über
ihre Funktion als Gebrauchsge-
genstand und ihren Wert als
Kunstwerk hinaus den Rang als
Zeugnis ihrer Zeit verleiht.

An indispensable handbook on the
history of Central European furniture from the Gothic to the Art
Nouveau, which discusses the objects in terms of their practical
function and importance as works
of art and also as records of their
times.

RUDOLF H. WACKERNAGEL
Staats- und Galawagen
der Wittelsbacher
Wittelsbach State and
Ceremonial Carriages
2 Bände im Schuber/2 Volumes
in slipcase
500 p. 600 ill. Leinen/Cloth.
In English and German.
ISBN 3-925369-87-2, DM 198

Die erste vollständige Übersicht
über die Sammlung des Marstall-
museums Schloß Nymphenburg.
Die Wagen, Sänften, Schlitten,
Automobile und Eisenbahnzüge
zeugen von höchster künstlerischer Perfektion und Ausführung,
gezeigt in prächtigen Gesamtauf-
nahmen und beeindruckenden
Details.

The first complete survey of the
Marstallmuseum Schloß Nymphenburg in Munich. The coaches,
sedans, sledges, motor-cars and
trains are all of superb craftsmanship and perfect design and
are presented in splendid photographs of full views and striking
details.

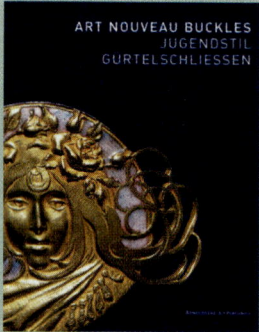

JO-ANNE BIRNIE DANZKER
(HRSG./ED.)
**Jugendstil-Gürtelschließen
Art Nouveau Buckles
1896–1910**
232 p., 250 ill., 35 Marken/ill. of
marks. Hardcover. In English and
German.
ISBN 3-89790-151-X, DM 98

200 Gürtelschließen aus der Zeit
des Jugendstils geben Einblick in
die Mode der Jahrhundertwende.
Stilistische Einordnungen sowie
Informationen über Signaturen und
Marken geben wichtige neue Hin-
weise für den Interessierten und
Fachmann.

200 Art Nouveau belt buckles
provide an insight into fashions at
the turn of the century. Stylistic
classifications and information
about signatures and marks provide important new references for
both layman and specialist.

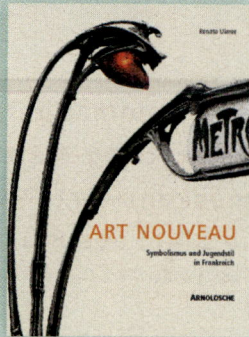

RENATE ULMER (HRSG./ED.)
Art Nouveau
384 p., 512 ill. Hardcover.
In German.
ISBN 3-925369-57-0, DM 98

Der opulente Band bietet einen
detaillierten Überblick über das
Art Nouveau – eines der faszinie-
rendsten Kapitel der europäischen
Kunstgeschichte, das sich wie
kein anderes durch Phantasie-
reichtum und kunsthandwerk-
liches Raffinement auszeichnet.

The sumptuous volume gives a
detailed outline of Art Nouveau –
one of the most fascinating
chapters in European art history,
characterised more than any
other by its rich imagination and
refined craftsmanship.

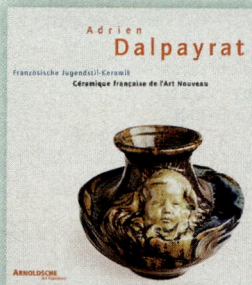

HORST MAKUS U. A./ET. AL.
Adrien Dalpayrat
232 p., 296 ill. Hardcover.
In German and French.
ISBN 3-925369-56-2, DM 98

Die erste Monografie über das
kunstkeramische Schaffen der
Familie Dalpayrat. 150 Objekte,
Biografien und Werkstattge-
schichten beleuchten die Epochen
des Historismus und Jugendstils.

The first monograph on the
artistic ceramics produced by the
Dalpayrat family. 150 objects,
biographical notes and studio
histories shed light on the period
styles of Historicism and Art
Nouveau.

FRITZ FALK
**Schmuck-Kunst im
Jugendstil
Art Nouveau Jewellery**
**Lalique. Fouquet. Gautrait.
Gaillard. Vever. Wolfers.
Masriera. von Cranach**
144 p., 120 ill. Hardcover.
In English and German.
ISBN 3-925369-84-8, DM 58

Die in brillanten Farbabbildungen
wiedergegebenen Werke bedeu-
tender Jugendstil-Schmuckkünst-
ler belegen eindrucksvoll, warum
man von einer Renaissance der
Schmuckkunst im Art Nouveau
spricht.

The works of renowned Art Nouveau jewellers, reproduced in
magnificent colour photographs,
impressively justify the claim
that Art Nouveau brought about a
renaissance in jewellery.

GROTKAMP-SCHEPERS · SÄNGER
**Bestecke des Jugendstils
Art Nouveau Knives,
Forks and Spoons**
224 p., 320 ill., etwa 100
Marken/ca. 100 ill. of marks.
Hardcover. In English and
German.
ISBN 3-925369-95-3, DM 98

Die erste systematische Publikation über die Vielfalt des Jugend-
stil-Bestecks. In keiner anderen
Epoche wurde eine derartige
Fülle unterschiedlichster Dekore
erreicht. Ein detaillierter und
facettenreicher Überblick!

The first systematic publication
illustrating the great variety of Art
Nouveau cutlery. No other era
saw such a huge variety of shapes
and designs. A detailed and
many-faceted survey!

**»Allein das Durchblättern des Bandes
(ist) ein Erlebnis ganz besonderer Art«**
(Sammler Markt)

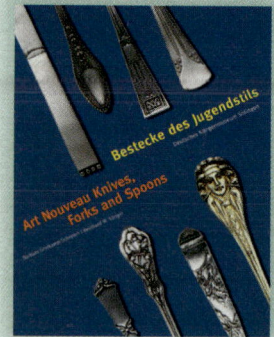

**»Simply browsing through the book is
a stunning experience«**
(Sammler Markt)

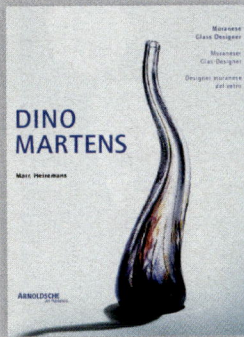

MARC HEIREMANS
Dino Martens
204 p., 498 ill. Hardcover.
In English and German.
ISBN 3-925369-94-5, DM 198

Werksverzeichnis aller Glas-
Arbeiten von Dino Martens. Über
180 Objekte und Entwürfe werden
in großformatigen Farbabbildun-
gen dokumentiert. Dank der
Produktionslisten von Aureliano
Toso (1938–1963) und historischer
Archivfotos ist es nun möglich,
Gläser eindeutig als Dino Mar-
tens-Entwürfe zu bestimmen.

Complete catalogue of all the
glass works created by Dino
Martens. More than 180 objects
and designs are shown in large
colour illustrations. Thanks to the
production lists of Aureliano
Toso (1938-1963) and photographs
from historical archives it is now
possible to securely identify glass-
ware designed by Dino Martens.

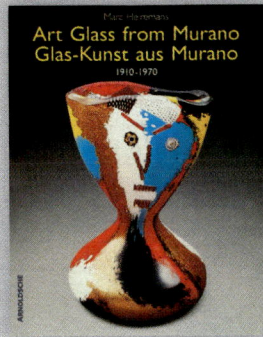

MARC HEIREMANS
**Glas-Kunst aus Murano
Art Glass from Murano
1910–1970**
376 p., 425 Farbtafeln/colour
plates. Leinen, im Schuber/Cloth,
cased. In English and German.
ISBN 3-925369-22-8, DM 198

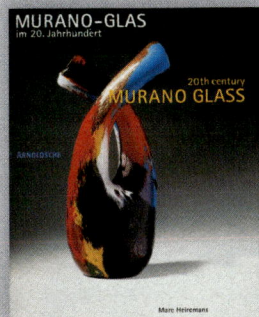

MARC HEIREMANS
**Murano-Glas
im 20. Jahrhundert
20th Century Murano
Glass**
232 p., 186 Farbtafeln/colour
plates. Leinen/Cloth. In English,
German and Flemish.
ISBN 3-925369-63-5, DM 128

Ein unverzichtbares Buch für
Sammler, das anhand von brillanten Farbtafeln den unerschöpf-
lichen Ideenreichtum der Glas-
künstler aus Murano vorstellt.

An indispensable book for collectors which illustrates the bound-
less imagination of the Murano
glass artists with brilliant colour
photographs.

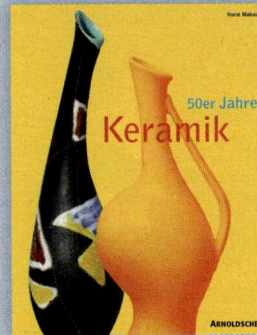

HORST MAKUS
50er Jahre Keramik
196 p., 162 ill. Hardcover.
In German.
ISBN 3-925369-69-4, DM 78

Erster Überblick über die Design-
Entwicklung der keramischen
Formen in Deutschland der 50er
Jahre mit Angaben zu über 100
Entwerfern und Herstellern: Das
Ende des »anonymen Designs«
der 50er Jahre!

The first survey of the development of ceramic designs in Germany during the 1950s, with information on more than 100 designers and producers: No more
»anonymous designs« of the Fifties!

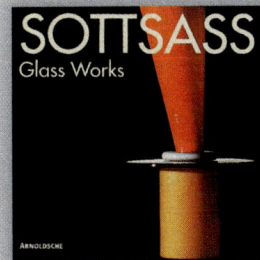

BAROVIER · BISCHOFBERGER ·
CARBONI (HRSG./EDS.)
**Ettore Sottsass
Glass Works**
156 p., 150 Farbtafeln/colour
plates. Leinen/Cloth. In English.
ISBN 3-925369-79-1, DM 49,80

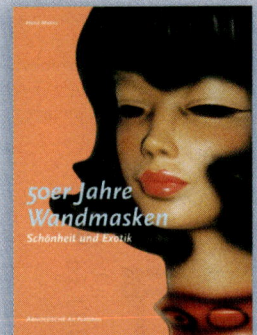

HORST MAKUS
**50er Jahre Wandmasken
Wall Masks from the
1950s**
264 p., ca. 400 ill. Hardcover. In
English and German.
ISBN 3-89790-153-6, DM 78

Der erste Überblick über die Entwicklung der keramischen Wand-
maske von den Anfängen bis in
die 80er Jahre! Der Schwerpunkt
liegt dabei auf deutschen und
österreichischen Wandmasken
der 50er Jahre. Mit vielen wichtigen neuen Sammlerinformationen
zu Künstlern und Firmen sowie
zur zeitlichen Einordnung der Objekte.

The first survey of the development of ceramic wall masks from
the beginnings to the 1980! The
main emphasis is on German and
Austrian wall masks of the 1950s,
including much new and important information for collectors
about artists and manufacturers
and the dating of objects.

HELEN W. DRUTT
Brooching it Diplomatically
A Tribute to Madeleine K. Albright
176 p., 70 ill. Paperback.
In English and German.
ISBN 3-89790-152-8, DM 48

Das Buch zeigt die Kreationen von
61 Künstlern, die individuelle Bro-
schen zu Albrights subtiler Strate-
gie des Schmückens fertigten: eine
schillernde Schau, die ein breites
Spektrum an Form, Material und
Ausdruck zeigen.

The book presents creations by
61 artists who produced individual
brooches themed with Albright's
subtle strategic use of adornment:
a glittering show of jewellery cov-
ering a wide spectrum of shapes,
materials and meaning.

MELISSA GABARDI
Jean Després
208 p., über 350 ill. Hardcover.
In German.
ISBN 3-89790-154-4, DM 128

Die erste Werkschau über Jean
Després. Ein wichtiges Buch für
jeden Sammler und Liebhaber
des Art Déco.

A first survey of the complete
works of Jean Després. An important book for all collectors and
lovers of Art Deco.

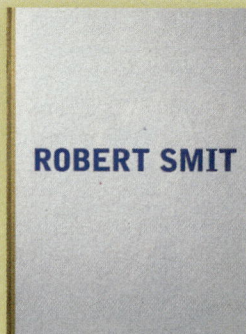

**FOLCHINI GRASSETTO · STAAL ·
DRUTT**
Robert Smit
Leeres Haus Empty House
176 p., 178 ill. Hardcover.
In English, German and Italian.
ISBN 3-925369-92-9, DM 98

»Diese Publikation ist hoffentlich
der Beginn eines neuen Typs
von Büchern über Schmuckkunst,
die sich über althergebrachte
Kategorien hinwegsetzen und
den Aktionsbereich des Schmuck-
künstlers erweitern«
(Findings)

»This book is hopefully the beginning of a new genre of jewellery
books, breaking down discipli-
nary barriers and extending the
possibilities of the jeweller's art«
(Findings)

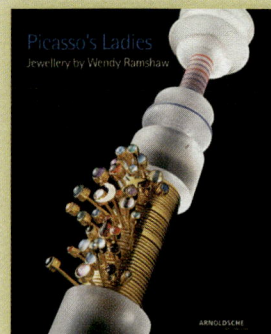

TURNER · VAIZEY · GREENHALGH
Picasso's Ladies
Jewellery by Wendy Ramshaw
192 p., 148 ill. Leinen/Cloth.
In English and German.
ISBN 3-925369-80-5, DM 98

Eine im zeitgenössischen
Schmuckschaffen einmalige
Interpretation des emotionalen
Inhalts der Gemälde Picassos.

A highly personal interpretation of
the emotional content of Picasso's
paintings.

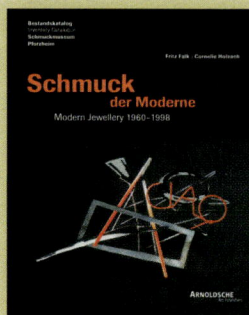

DRUTT · HUFNAGL U.A./ET.AL.
Peter Skubic
between
176 p., ca. 300 ill. Hardcover.
In English and German.
ISBN 3-89790-156-0, DM 98

Das Buch zeigt Arbeiten Skubics
aus über 30 Jahren, die er auf
seiner Suche nach neuen Aus-
drucksformen, nach den Grenzen
und Definitionen von Schmuck
verwirklichte.

The book presents objects by
Skubic from a period of more than
30 years, created during his search
for new ways of expression and
for the limits and boundaries of
jewellery.

FALK · HOLZACH
Schmuck der Moderne
Modern Jewellery
1960–1998
240 p., 336 ill. Hardcover.
In English and German.
ISBN 3-925369-81-3, DM 98

Über 800 Schmuckstücke von
nahezu 240 Künstlern – das
Schmuckmuseum Pforzheim be-
sitzt die weltweit umfangreichste
Sammlung zeitgenössischer
Schmuckkunst. Diese Kollektion
dokumentiert eindrucksvoll die
internationalen Schmucktenden-
zen der letzten 40 Jahre.

Over 800 pieces of jewellery by
nearly 240 artists – the Schmuckmuseum Pforzheim holds the
world's largest collection of contemporary jewellery. It constitutes
an impressive documentation of
international fashions in jewellery
during the last 40 years.

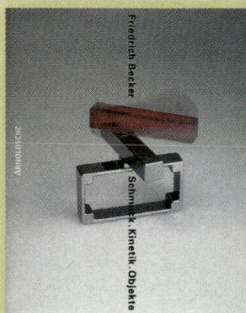

**ARNOLD · JOPPIEN · CHADOUR-
SAMPSON**
Friedrich Becker
304 p., 425 ill. Leinen/Cloth.
In English and German.
ISBN 3-925369-76-7, DM 148

»... ein Standardwerk, das diese
Schlüsselfigur der zeitgenössischen Goldschmiedekunst ins
rechte Licht rückt«
(Westdeutsche Zeitung)

»A standard work and true
appreciation of this key figure of
contemporary goldsmithery«
(Westdeutsche Zeitung)

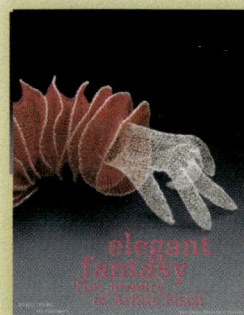

MCFADDEN · RIGBY · BELL
Elegant Fantasy
The Jewelry of Arline Fisch
144 p., 118 ill. Hardcover.
In English and German.
ISBN 3-925369-01-5, DM 78

Über 100 Arbeiten belegen eindrucksvoll das spektakuläre Werk
dieser berühmten amerikanischen
Künstlerin, die seit den frühen
70er Jahren Metall so verarbeitete,
als wäre es Stoff – eine bis dahin
gänzlich unbekannte Technik.

Over 100 works provide an impressive record of the spectacular
œuvre of the famous American
artist, who since the early 1970s
has been working with metals as
if they were textiles – a technique
previously completely unknown.

In Vorbereitung/In preparation:
David Watkins
Peter Chang

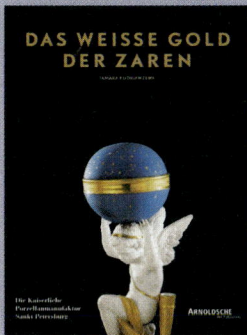

TAMARA KUDRJAWZEWA
**Das Weiße Gold der Zaren
The White Gold of the
Tsars**
200 p., 164 ill. Hardcover.
In English and German.
ISBN 3-925369-67-8, DM 98

Das »Zarenporzellan« in ganzer
Pracht und Raffinesse! Brillante
Farbaufnahmen und zahlreiche
Details geben einen Überblick
über die Produktion der Porzel-
lanmanufaktur Sankt Petersburg.

The »Porcelain of the Tsars« in all
its glory and refinement! Brilliant
colour photographs and many
details provide a survey of the
output of the St Petersburg impe-
rial porcelain factory.

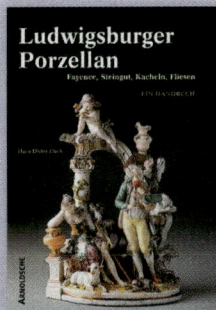

HANS DIETER FLACH
Ludwigsburger Porzellan
1 112 p., 1 740 ill., 250 Manu-
faktur- und Malermarken/marks
of workshops and painters.
Leinen/Cloth. In German.
ISBN 3-925369-30-9, DM 148

Systematische und einzig liefer-
bare Übersicht zu Ludwigsburger
Porzellan. Unzählige Informationen erlauben eine sofortige Be-
stimmung jedes Objektes.

The only systematic survey of
Ludwigsburg porcelain in print. A
wealth of information allows in-
stant identification of all objects.

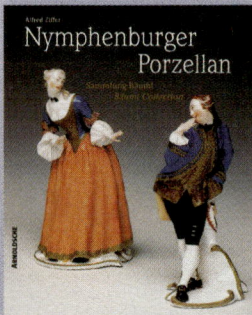

ALFRED ZIFFER
**Nymphenburger Porzellan
Nymphenburg Porcelain**
400 p., 679 ill., 63 Marken /illus-
trations of marks. Leinen/Cloth.
In English and German.
ISBN 3-925369-61-9, DM 148

»Der Bestandskatalog .. besticht
mit seiner Bilderpracht und über-
zeugt durch akribische Erfassung
der Stücke aus allen Epochen«
(Architektur & Wohnen)

»The complete catalogue ... ap-
peals by its glorious illustrations
and convinces by its meticulous
recording of objects from all periods« (Architektur & Wohnen)

**»Ein längst überfälliges Werkzeug
für Sammler, Kunsthändler, Auktionatoren, kurzum alle, die einen Bezug
zum weißen Gold haben«**
(Süddeutsche Zeitung)

**»A long overdue tool for collectors,
dealers, auctioneers – in short, for
anybody who relates with white gold«**
(Süddeutsche Zeitung)

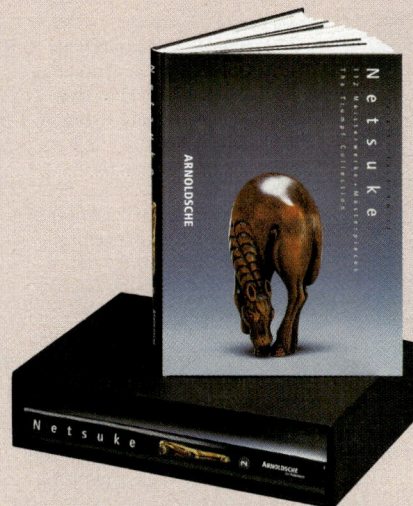

PATRIZIA JIRKA-SCHMITZ
Netsuke
2 Bände im Schmuckschuber/
2 Volumes in specially designed
slip-case
704 p., 1 275 ill. Hardcover.
In English and German.
ISBN 3-925369-89-9
DM 248

Neues Standardwerk über
Netsuke. Im Japan des 17. bis
19. Jahrhunderts von Männern als
Gürtelschmuck getragen, wurden
diese meisterhaft geschnitzten
Miniaturfiguren in den letzten
Jahren zu einem begehrten Sam-
melgebiet.

A new standard work on netsuke.
These masterly miniature carv-
ings, worn by Japanese men as
belt accessories during the 17th
to 19th century, over the last few
years have become a coveted field
of collecting.

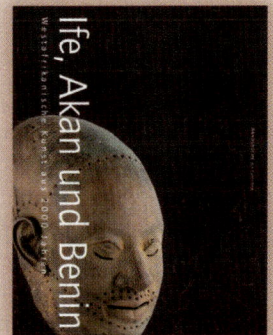

EISENHOFER · NEYT U. A./ET. AL.
Ife, Akan and Benin
160 p., 133 ill. Hardcover.
In English and German.
ISBN 3-89790-150-1, DM 98

Frühe Terrakotten der Nok-
Kultur, vor allem aber die herausragenden Bronzen des Ife-Stils
sowie der kostbare Goldschmuck
der Akan-Völker Ghanas legen ein
imposantes Zeugnis der hoch-
entwickelten Kultur Westafrikas
ab – ein bisher weitgehend uner-
forschtes Kapitels der Kulturge-
schichte.

The early terracottas of the Nok
culture, but even more so the
outstanding bronzes of the Ife and
the precious gold jewellery of
the Akan peoples of Ghana bear
imposing witness to the highly
developed cultures of West Africa
– a previously little-researched
chapter of cultural history.

CAROLUS HARTMANN

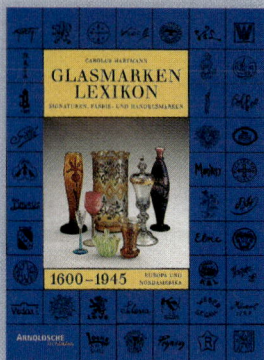

Glasmarken-Lexikon
Glass Marks Encyclopedia
1600–1945

1 008 p., über 11 000 Signaturen und Markenabbildungen/over 11 000 illustrations of signatures and marks. Leinen, im Schmuck-schuber/Cloth in slip-case. Benutzerhinweise in Deutsch, Englisch, Französisch und Japa-nisch/ Notes for users in English, German, French and Japanese.
ISBN 3-925369-37-6, DM 398

Das erste Lexikon zu GLASMAR-KEN vom 16. bis 20. Jahrhundert – Ergebnis von mehr als zehn Jahren intensiver Forschung, übersichtlich aufgebaut und ein-fach zu handhaben.
»Ein unverzichtbares Nachschla-gewerk« (Digest)
»Ein modernes Handbuch der Glasmarken ... Nach einem sol-chen Nachschlagewerk haben Handel und Forschung seit lan-gem gefragt« (Die Welt)
»gehört .. als Standardwerk in jede Fachbibliothek für Glas« (Glass. Science and Technology)

The first encyclopedia of glass marks from the 16th to the 20th century – the result of more than ten years of intensive research, clearly organised and easy to use.
»An indispensable work of refer-ence« (Digest)
»A modern handbook of glass marks ... Dealers and researches have long called for such a refer-ence work«
(Die Welt)
»A standard reference work indispensable in any library specialising in glass« (Glass. Science and Technology)

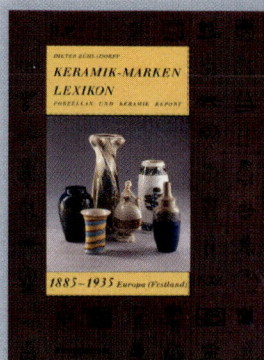

DIETER ZÜHLSDORFF

Keramikmarken-Lexikon
Ceramic Marks Encyclo-pedia 1885–1935

764 p., über 9000 Marken-Abbil-dungen, 615 Künstler-Biografien, 1448 Firmen-Dokumentationen aus ganz Europa (außer Eng-land)/over 9 000 illustrations of marks, 615 biographies of artists, 1 448 entries on firms across Europe (excluding England). Leinen, im Schuber/Cloth in slip-case. Benutzerhinweise in Deutsch und Englisch/Notes for users in English and German.
ISBN 3-925369-40-6, DM 298

Unverzichtbares, international · anerkanntes Standardwerk. Das KERAMIKMARKEN-LEXIKON bie-tet Sammlern, Wissenschaftlern, Händlern und Auktionatoren eine Fülle von Informationen zu Kera-mik und Porzellan aus den Epo-chen Historismus, Jugendstil, Art Déco und Neue Sachlichkeit.

An indispensable, internationally acclaimed standard work. The CERAMIC MARKS ENCYCLOPEDIA provides collectors, scholars, dealers and auctioneers with a wealth of information on pottery and porcelain from the Histori-cism, Art Nouveau, Art Deco and New Objectivity periods.

In dieser Reihe geplant/In the pipeline in this series:

REINHARD W. SÄNGER U.A./ET.AL.
Metallmarken-Lexikon
Metal Marks Encyclopedia
1881–1945
ISBN 3-925369-04-X

Bücher der ARNOLDSCHEN Ver-lagsanstalt erhalten Sie bei Ihrem Buchhändler oder im Internet unter www.arnoldsche.com. Falls Sie keinen Internetanschluß haben, können Sie auch per Fax bestellen unter der folgenden Telefaxnummer:
+49 (0)711 6 15 98 43

Innerhalb Deutschlands beliefern wir Sie als Privatkunden versand-kostenfrei. Für Lieferungen ins Ausland berechnen wir Ihnen einen Versandkostenanteil.

Weitere Informationen über unser Programm und die Preise unserer Bücher in einzelnen Ländern er-halten Sie im Internet unter www.arnoldsche.com.

Books from the ARNOLDSCHE Verlagsanstalt are available through your bookseller or the In-ternet at www.arnoldsche.com. In case you do not have access to the Internet, you can contact us by fax on +49 (0)711 6 15 98 43

Within Germany we deliver books to private customers without charging for postage and packing. For deliveries abroad there is a charge for postage and packing.

Further information about our publishing programme and prices in individual countries is accessi-ble on the Internet at www.arnold-sche.com.

ARNOLDSCHE Verlagsanstalt
Liststraße 9
D–70180 Stuttgart
Fon: +49 (0)711 61 24 60
Fax: +49 (0)711 6 15 98 43
www.arnoldsche.com
art@arnoldsche.com

22

23 ▶

23 Vase
▶ See also colour plate II
Eugène Feuillâtre (1870–1916), Paris/F, ca 1900
(Signed 'Feuillâtre', and stamped 'FEUILLÂTRE')
H 24 cm
0.950 silver and enamel, 364 g

24 Beaker
E. Lefèbvre & Cie, Paris/F,
after 1900 (M 16)
H 8 cm
0.950 silver, 108 g

25 Strawberry spoon and belt buckle
E. Lefèbvre & Cie, Paris/F,
after 1900 (M 16)
Spoon L 23 cm, buckle 7 x 5.3 cm
Spoon 0.950 silver, 92 g
Buckle 0.800 silver, 39.2 g

24

25

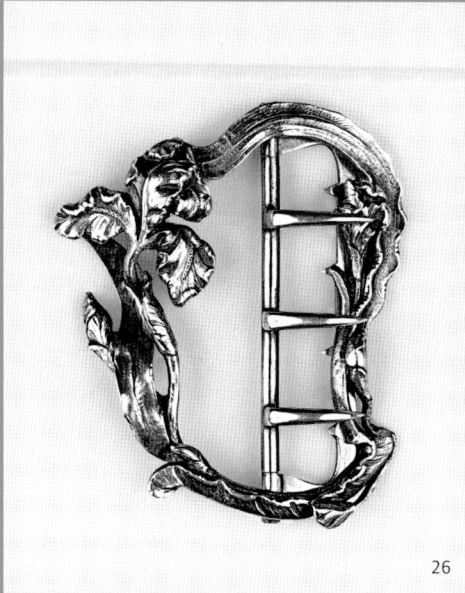

26

26 Belt buckle
Dériot, Paris / F,
after 1900 (M 13)
6.5 x 5.4 cm
0.800 silver, 30 g

27 Vase
Wolfers Frères, Brussels / B,
ca 1900 (M 71)
H 13.2 cm
0.800 silver, 232 g

28 Centre-piece
Wolfers Frères, Brussels / B,
ca 1900 (M 71)
H 10.3 cm, D 26.5 cm
0.800 silver, 830 g, and crystal
R: Crystal liner not original

27

29 ▶

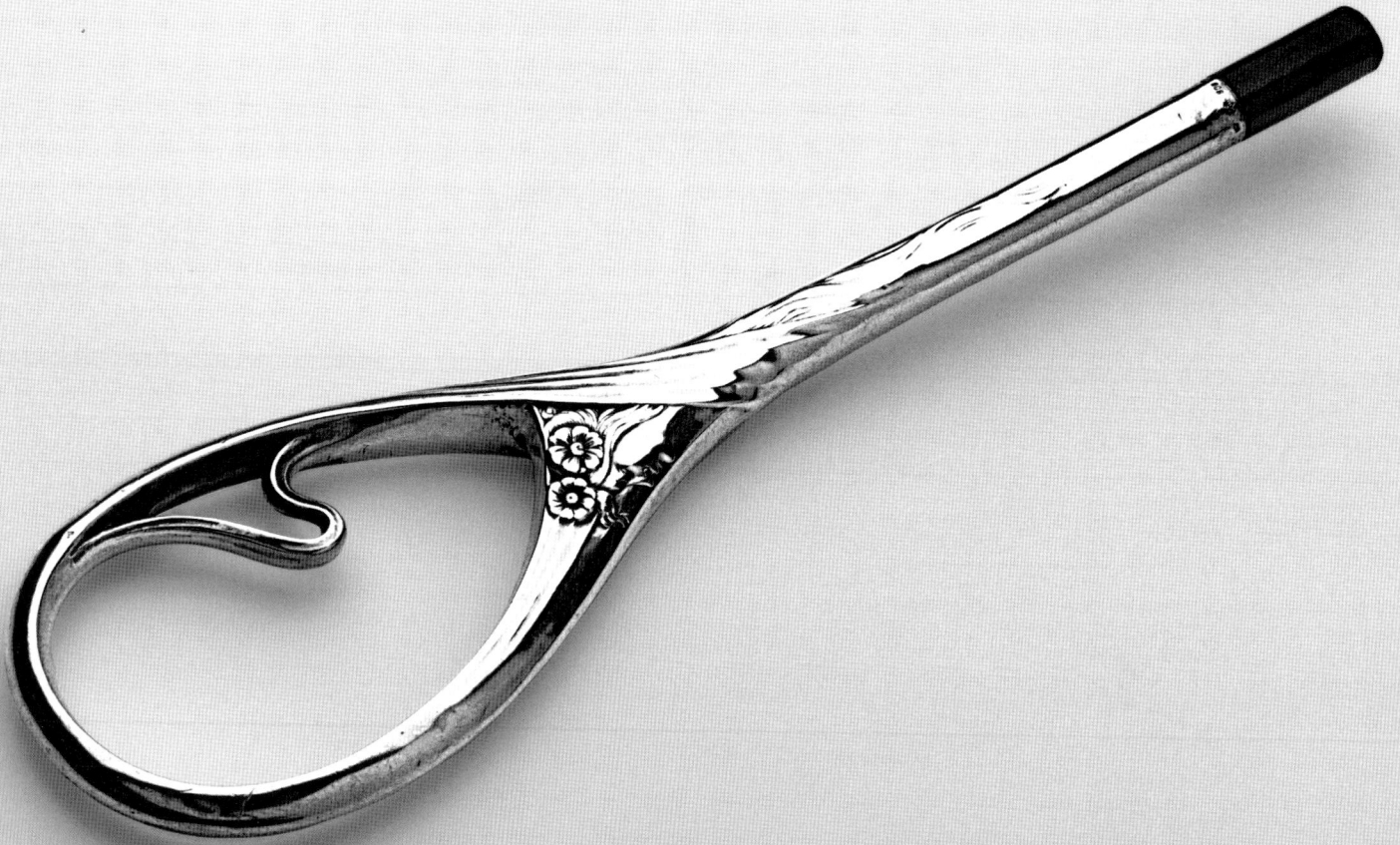

30

29 Pillbox

▶ See also colour plate III
Josef Maria Auchentaller
(1865–1940)
Georg Adam Scheid, Vienna/A,
ca 1900 (M 21)
1.8 x 5.5 x 5.5 cm
0.900 silver and enamel,
gilt interior, 83 g
R: Model no. 2

30 Parasol handle

Martin Mayer, Mainz/D,
ca 1900 (M 72)
19.2 x 6 cm
Silver and wood
R: Imported into Vienna before 1902

31 Teapot

Liberty & Co, Birmingham/GB, 1901
(stamped 'CYMRIC' and M 39)
H 14.5 cm
0.925 silver and wicker, 533 g

31

32 Muffin dish
Birmingham Guild of Handicraft Ltd, Birmingham/GB, 1901 (M G)
H 10 cm, D 19 cm
0.925 silver and jade, 336 g

33 Cigarette-case
▶ See also colour plate III
Patriz Huber (1878–1902)
Martin Mayer, Mainz/D,
after 1901 (M 62 and M 72)
8.7 x 9.7 cm
0.800 silver and chrysophrase,
gilt interior, 95 g
R: Model no. 26

34 Pair of candlesticks
Jacobus Johannes van Goor (1874–1956)
C.J. Begeer, Utrecht/NL, 1901 (M 7)
H 20 cm
0.934 silver
R: 1902 Turin Exhibition,
selling price fl. 310 the pair

32

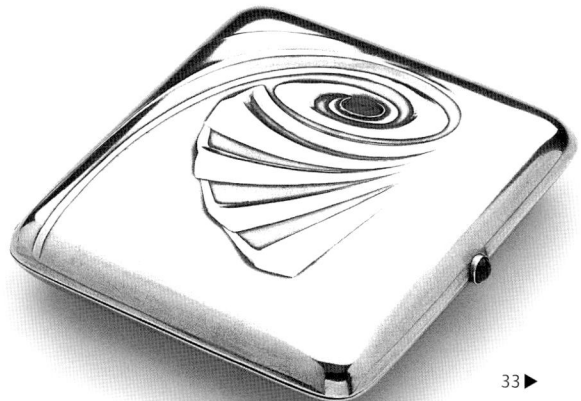

33 ▶

34

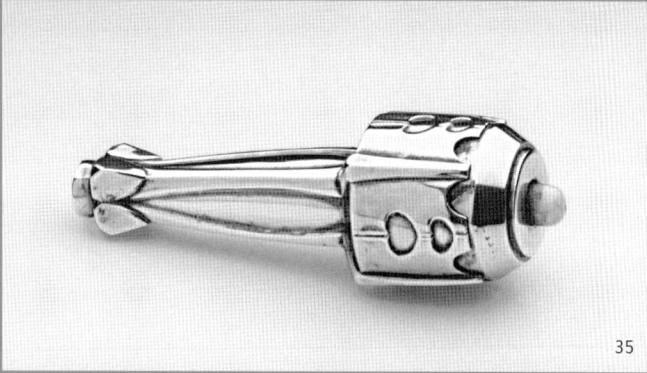

35

36

35 Electric bell-push
Patriz Huber (1878–1902)
Martin Mayer, Mainz/D,
after 1901 (M 62 and M 72)
L 8 cm
0.800 silver and bone
R: Model no. 15

36 Bowl
Jan Wigbold Eisenloeffel (1876–1957)
Hoeker & Zn and Amstelhoek, Amsterdam/NL,
1902 (M 31, M 59)
4.5 x 20 x 10 cm
0.934 silver and turquoise, 284 g
R: 1902 Turin Exhibition

37 Tea service with tray
J.M. van Kempen & Zonen, Voorschoten/NL,
1902 (M 52)
Teapot H 11.5 cm
Cream-jug H 8.9 cm
Sugar-bowl H 6.5 cm
Spoon holder H 7.5 cm
Tray 42.3 x 27.2 cm
0.833 silver and bone, 1442 g

37

38 Cigar bowl
A. Michelsen, Copenhagen/DK,
1902 (M 4, M 44)
H 6 cm, D 9.5 cm
0.925 silver, 253 g

39 Tea-caddy
Probably Vienna; importer's mark
George Bedingham, London/GB 1902
10.5 x 13 x 10 cm
0.925 silver, gilt interior, 385 g
R: See an advertisment of the London firm of
Connell showing an identical 'art silver tea-caddy'
in: The Studio, September 1904, selling price
£8 15s

39

40a

**40 Serving pieces from a 120-piece service
with place-settings for 12 persons**

40a Hans Christiansen (1866–1945)
Soup ladle 31 cm
Cake server L 24 cm
Pastry server L 19.5 cm
0.800 silver, parcel-gilt; cake and
pastry servers 0.833 silver
R: Cake and pastry servers with
Dutch silver marks and the maker's mark
of C.L.J. Begeer, Utrecht/NL (M 5);
imported in 1904 and 1905

40b Hans Christiansen (1866–1945)
P. Bruckmann & Söhne, Heilbronn/D,
ca 1902 (M 69)
Sauce ladle L 18 cm
Compôte ladle L 20.5 cm
Asparagus server L 23 cm
A pair of salad servers L 25.6 cm
A pair of fish servers L 23 and 30 cm
R: Model no. 3001 1/2

40b

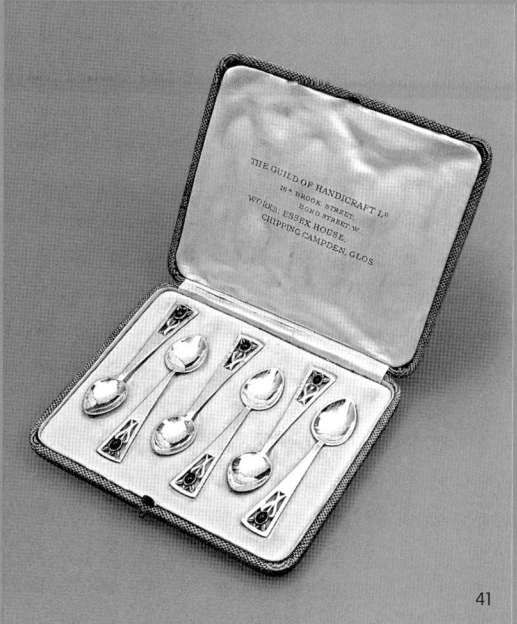

41

42

41 6 mocha spoons in their original box
Guild of Handicraft, London/GB,
1903 (M 27)
L 9.5 cm
0.925 silver and chrysophrase, 67 g

42 A pair of candlesticks
Liberty & Co, Birmingham/GB,
1903 (stamped 'CYMRIC' and M 39)
H 17 cm
0.925 silver, 584 g
R. Model no. 22, shown in the sales catalogue
Cymric Silver, 1899, p. 49, selling price £21 15s

43 Tea service and tray
Jan Wigbold Eisenloeffel (1876–1957)
J.C. Stoffels & Co, Amsterdam/NL,
1903 (M 48)
Teapot on stand H 21.5
Cream-jug H 4.7 cm
Sugar-basin H 5.5 cm
Tray D 28 cm
0.833 silver and ebony, 1322 g

43

44

45 ▶

44 Cream-jug
Jan Wigbold Eisenloeffel (1876–1957)
J.C. Stoffels & Co, Amsterdam / NL,
1903 (M 48, M 59)
H 10 cm
0.934 silver, 183 g

45 Centre-piece
▶ See also colour plate IV
Henry van de Velde (1863–1957)
Theodor Müller, Weimar / D, ca 1903
(stamped 'TH. MÜLLER DEPOSÉ')
10 x 37.5 x 23 cm
0.925 silver, 765 g, milk-glass liner,
R: Engraved with the arms of the Marquis
De Brion and Countess Kessler

46 Wine-cooler
Orivit AG, Cologne-Braunsfeld / D, after 1903
(stamped 'ORIVIT')
H 19 cm
0.925 silver, 1490 g
R: Model no. 27

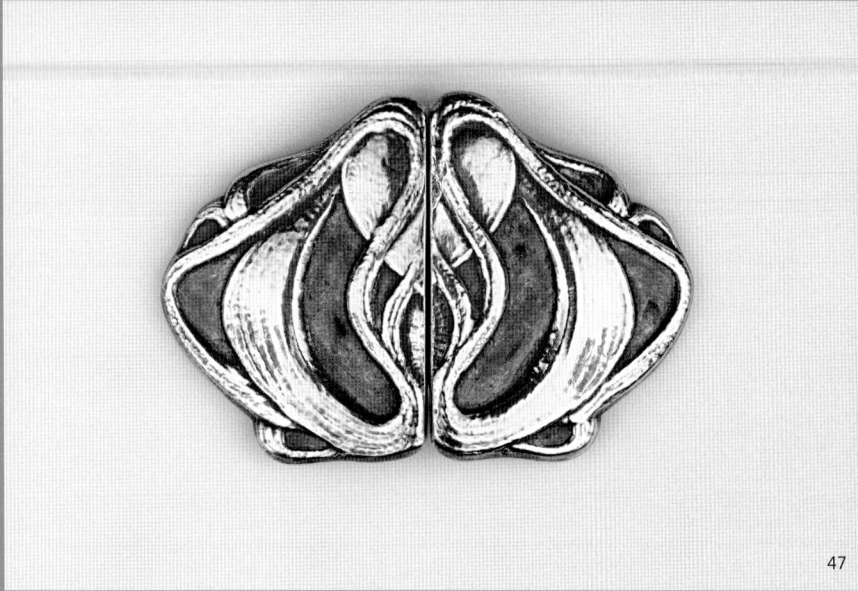

47

47 Belt buckle
Liberty & Co, Birmingham/GB,
1904 (stamped 'CYMRIC' and M 39)
7.6 x 5.6 cm
0.925 silver and enamel, 43 g

48 Cake basket
Orivit AG, Cologne-Braunsfeld/D,
1903 (stamped 'ORIVIT')
4.5 x 26.2 x 15.4 cm
0.925 silver, 303 g
R: Model no. 33

48

49 ▶

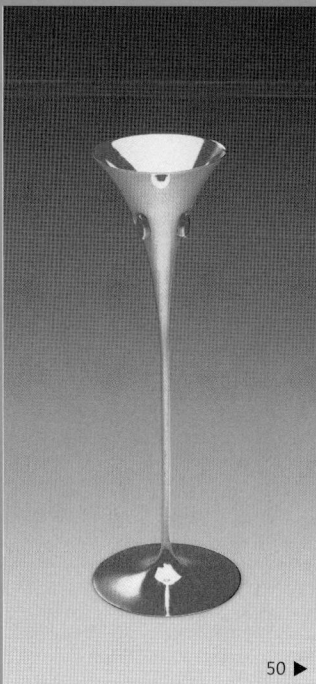

50 ▶

49 Tea service
▶ See also colour plate V
J.M. van Kempen & Zonen,
Voorschoten/NL,
1904 (M 52)
Teapot H 11.5 cm
Cream-jug H 8 cm
Sugar-basin H 9.5 cm
0.934 silver and enamel, 898 g

50 Goblet
▶ See also colour plate VI
Koloman Moser (1868–1918)
Wiener Werkstätte, Vienna/A,
1904 (M 63, M 65)
H 18.7 cm
0.900 silver and red coral
R: Model no. S 112; drawing: inventory
no. K.I. 12 559, MAK – Museum für
angewandte Kunst, Vienna/A

51 Tray
Orivit AG, Cologne-Braunsfeld/D,
after 1903 (stamped 'ORIVIT')
41,3 x 26 cm
0.925 silver, 884 g
R: Model no. 55

52 Jardinière

P. Bruckmann & Söhne, Heilbronn/D,
ca 1904 (M 69)
15.5 x 43 x 23.5 cm
0.800 silver, 658 g, metal liner
R: Model no. 84 4

53 Jam or butter dish

P. Bruckmann & Söhne, Heilbronn/D,
ca 1904 (M 69)
H 8 cm
Cover D 12.5 cm
Saucer 17 x 15.8 cm
0.800 silver, 227 g, etched glass

54 Electric bell-push

Neresheimer, Hanau/D, 1904
L 10 cm
0.800 silver and chrysophrase, 45 g
R: Designed by a pupil at the
Königlich Preussische Zeichenakademie
in Hanau; see Dekorative Kunst, XIII, p. 280

52

53

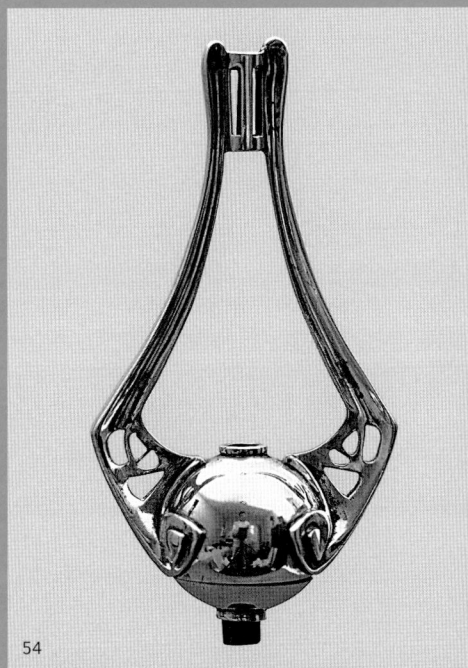

54

55

56

57 ▶

55 Two pastry servers
J.M. van Kempen & Zonen, Voorschoten/NL,
1905 and ca 1905 (M 51, M 52)
L 19.3 cm
0.934 silver and enamel and 0.833 silver,
each 50 g

56 Beaker
J.M. van Kempen & Zonen, Voorschoten/NL,
1905 (M 52)
H 8.5 cm
0.934 silver and enamel, 144 g

57 Tea and coffee service
▶ See also colour plate VII
Georg Jensen (1866–1935)
Georg Jensen Sølvsmedie A/S, Copenhagen/DK,
after 1905 (M 23, M 24)
Coffee-pot H 15 cm
Hot milk-jug H 11 cm
Teapot H 13.5 cm
Cream-jug and sugar-bowl H 6.2 cm
2 x 0.830 silver, 3 x 0.925 silver and ebony, 1070 g
R: Model no. 1

58 Belt buckle
Theodor Fahrner, Pforzheim/D,
ca 1905 (M 64)
8 x 4.2 cm
0.900 silver and green agate, 44 g

58

59 ▶

60

59 Mocha service and tray
▶ See also colour plate IX
Jan Wigbold Eisenloeffel (1876–1957)
C.J. Begeer, Utrecht/NL, 1906 (M 59, M 7)
Mocha-pot H 22.5 cm, cream-jug H 7 cm,
sugar-basin H 7.5 cm, tray 35.5 x 13 cm
0.934 silver, enamel and wicker, 1550 g

60 Plate
Henry van de Velde (1863–1957)
Theodor Müller, Weimar/D, ca. 1905
(M 74 and stamped 'TH. MÜLLER DEPOSÉ')
21 x 21.5 cm
0.875 silver, 297 g
R: A similar plate was exhibited at the
III. Deutsche Kunstgewerbeausstellung,
Dresden 1906

61 Asparagus server
J.M. van Kempen & Zonen, Voorschoten/NL,
1906 (M 52)
L 22 cm
0.934 silver and enamel, 147 g

61

62

62 Beaker
Jan Wigbold Eisenloeffel (1876–1957)
C.J. Begeer, Utrecht/NL, 1906 (M 59, M 7)
H 7.5 cm
0.934 silver and enamel, 84 g

63 Toilet-jar
Jan Wigbold Eisenloeffel (1876–1957)
C.J. Begeer, Utrecht/NL,
1906 (M 59, M 7)
H 9 cm
0.934 silver, enamel and glass

**64 Cake server, table
and dessert spoons and forks**
Jan Wigbold Eisenloeffel (1876–1957)
C.J. Begeer, Utrecht/NL, 1905 and 1909 (M 7)
Cake server L 26.7 cm
Spoons L 22.7 and 18.9 cm
Forks L 22 and 19 cm
0.934 silver, cake server 141 g,
spoons and forks 233 g

63

64

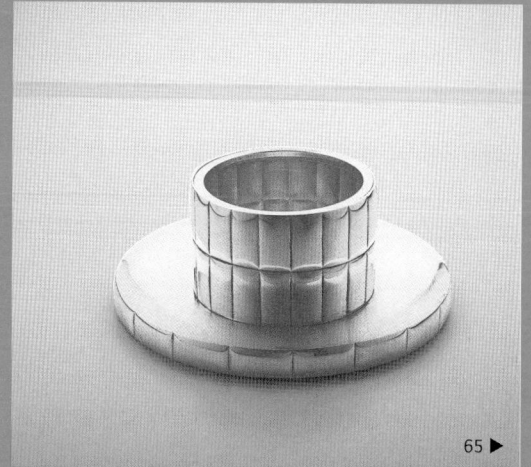

65 ▶

65 Caviare bowl
▶ See also colour plate VIII
Josef Hoffmann (1870–1956)
Wiener Werkstätte, Vienna/A,
1906 (M 65)
H 9 cm, D 23.5 cm
0.900 silver and metal, two glass liners of
different shape and size
R: Serial no. S 792; see illustration in
Deutsche Kunst und Dekorationen, Vol. 19,
1906/07, p. 483

66 Coaster
Jan Wigbold Eisenloeffel (1876–1957)
C.J. Begeer, Utrecht/NL 1906 (M 59, M 7)
H 11 cm, foot-rim D 13,5 cm
0.934 silver, 313 g

67 Flower basket
Josef Hoffmann (1870–1956)
Wiener Werkstätte, Vienna/A, after 1906
(M 60, M 65)
H 25.5 cm
0.900 silver, 122 g, glass liner

66

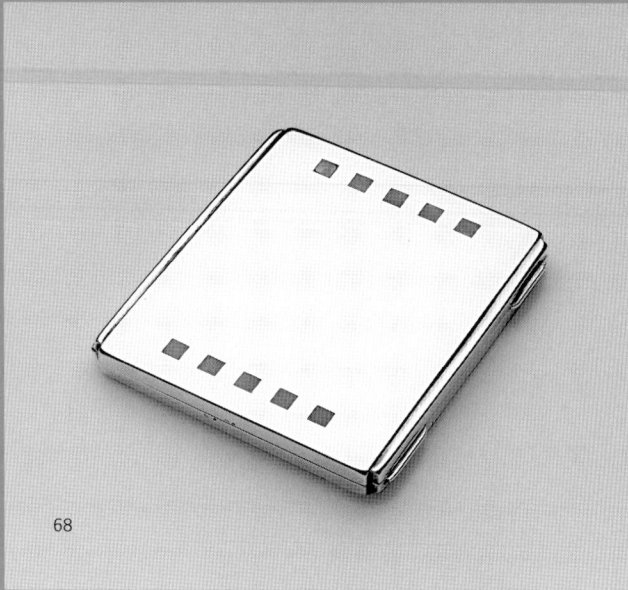

68

68 Cigarette-case
Georg Adam Scheid, Vienna/A, ca 1906
1 x 8.2 x 7.8 cm
0.900 silver and enamel, gilt interior, 138 g
R: Imported into Holland after 1906

69 6 teaspoons from a set of 12
Charles Rennie Mackintosh (1868–1928)
Elkington & Co Ltd, Glasgow/GB,
1907 (M 15)
L 13.5 cm
0.925 silver, 182 g (for 12 pieces)
R: Model based on designs for electro-plated
flatware for Mrs Cranston's famous tearooms.
Elkington opened a Glasgow branch at
42 Buchanan Street in 1898. See Elkington sales
catalogue Plate and Silver Spoons and Forks,
Archive of Art and Design, London, AAD 3-1979,
pl. 30, Vol. 12

70 Cape clasp
Henri Husson (1852–1914),
Paris/F, 1908
(signed 'H. Husson' and M 30)
17 x 5.8 cm
Silver and gold, 102 g
R: Salon de Paris 1908;
sold by H. Hébrard

71 Belt buckle
Liberty & Co, Birmingham/GB,
1908 (M 39)
5 x 4.8 cm
0.925 silver and enamel, 25 g

69

70

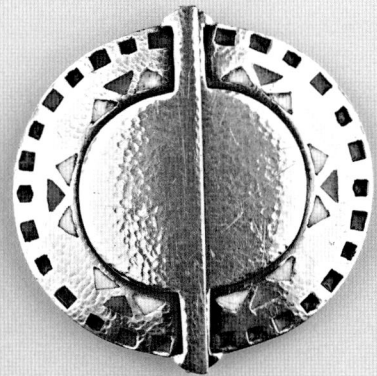

71

72

73

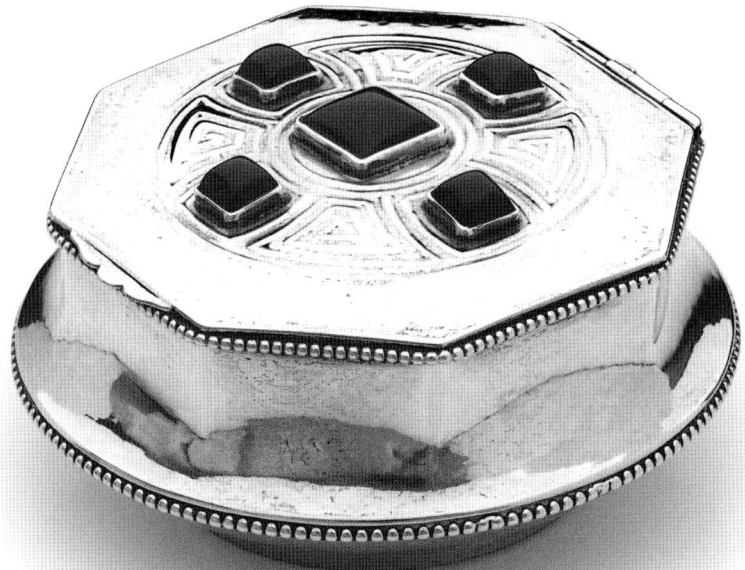

74

72 Pillbox
Probably Vienna, ca 1910
H 1.7 cm, D 3.7 cm
0.900 silver, gold, enamel and niello,
gilt interior, 23 g
R: Imported into France after 1893

73 Pillbox
Attributed to Carel Josef Anton
Begeer (1883–1956)
C.J. Begeer, Utrecht/NL, 1909 (M 7)
1.8 x 4.6 x 4.5 cm
0.934 silver and enamel, gilt interior, 60 g

74 Box
Carl Weishaupt, München/D,
ca 1910 (M 11)
H 5 cm, D 9 cm
0.800 silver and green stones, 133 g

75 Bottle stopper
Josef Hoffmann (1870–1956)
Wiener Werkstätte, Vienna/A,
ca 1910 (M 60, M 65)
H 8 cm
0.900 silver, 64 g

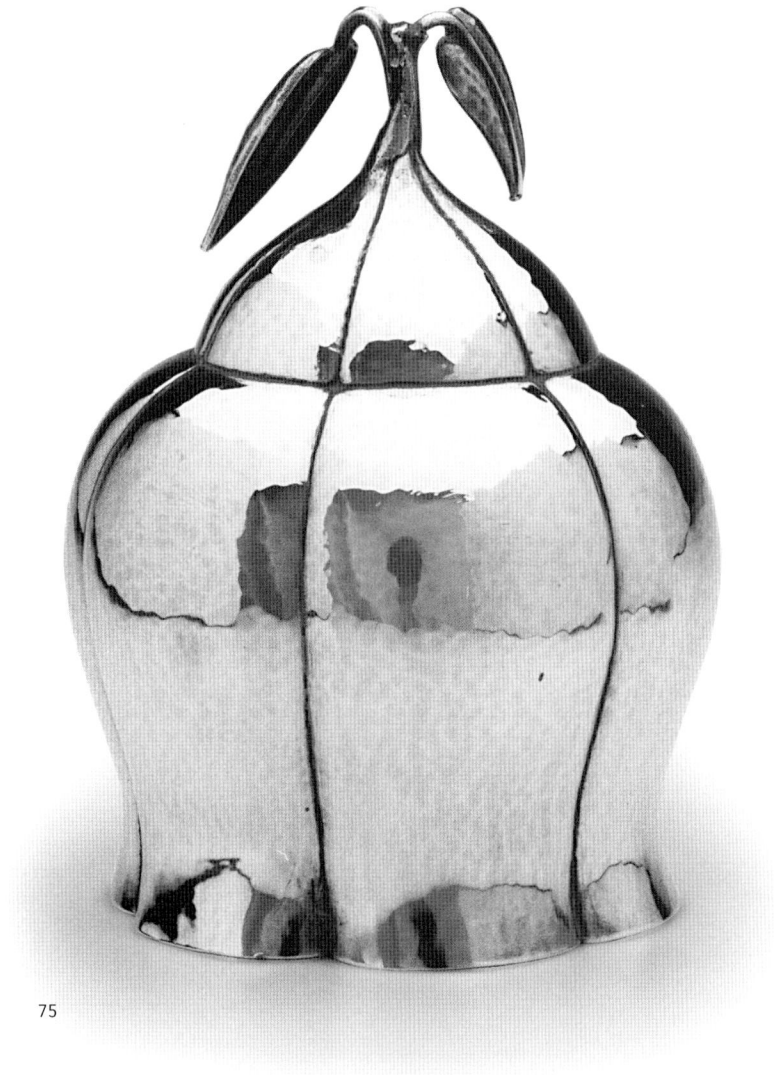

75

76

77

76 Inkwell
Omar Ramsden (1873–1939) & Alwyn Charles
Ellison Carr (1872–1940), London/GB,
1912 (M 47)
H 6.5 cm, D 15.5 cm
0.925 silver and mother of pearl,
glass liner and metal

77 Belt buckle
Karl Johann Bauer, Munich/D,
1912 (M 56)
10.8 x 5.8 cm
0.800 silver and amazonite, 88 g
R: Inscription 'Emmy v.d. Ploeg 1912'

78 Sweetmeat dish
▶ See also colour plate X
Johannes Ludovicus Mathieu Lauweriks
(1864–1932)
Frans Zwollo sr (1872–1945), Hagener Silberschmiede, Hagen/D, ca 1913 (M 20, M 28)
11.5 x 22 x 11.5 cm
0.900 silver, 261 g

79 Jewellery-case
▶ See also colour plate XI
Jacob Prytz (1886–1962)
J. Tostrup, Oslo/N,
ca 1914 (stamped 'J. TOSTRUP KRISTIANIA')
20.2 x 10.2 cm, H 5 cm
0.925 silver, enamel and silk
R: No. B4062

78 ▶

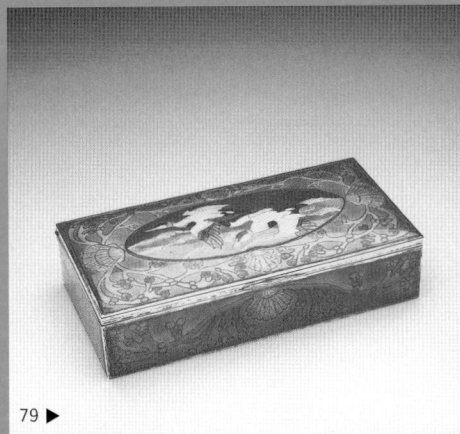

79 ▶

80 Fruit stand

Josef Michael Lock (1875–1964)

P. Bruckmann & Söhne, Hellbronn ⁄ D, 1914

H 10 cm, D 25 cm

0.835 silver, 467 g

R: Model no. 63. Werkbund exhibition Cologne 1914;

reproduced in Deutsche Form im Kriegsjahr, Jahrbuch des Deutschen Werkbundes, 1915, p. 101; retailer's mark J. A. Hoeting, Amsterdam ⁄ NL

81 A pair of candelabra

Josef Michael Lock (1875–1964)

P. Bruckmann & Söhne, Heilbronn ⁄ D, after 1914

H 39.8 cm

0.835 silver, 1570 g

R: Model no. 11777, retailer's mark Begeer, Van Kempen en Vos, The Hague ⁄ NL

80

81

82 Cup and cover
Marius Hammer, Bergen∕N, ca 1916 (M 42)
H 18 cm
0.830 silver and bone, 414 g
R: No. 556

83 Fish-slice
Frans Zwollo sr (1872–1945), The Hague∕NL,
1916 (stamped 'F. ZWOLLO' and M 20)
L 32.5 cm
0.934 silver, 185 g
R: Coat of arms of Dr. R.J. de Visser

82

83

84

84 Tea service and tray
J.M. van Kempen & Zonen, Voorschoten/NL,
1919 (M 52)
Teapot H 11.6 cm, cream-jug 5.3 cm,
sugar-bowl 4.5 cm, spoon-holder 5.3 cm,
tray 33.2 x 22 cm
0.833 silver and rosewood, 980 g

85 Bread basket
Josef Hoffmann (1870–1956)
Wiener Werkstätte, Vienna/A,
after 1922 (M 60, M 65)
8.7 x 30 x 29 cm
0.900 silver, 698 g
R: Model no. S 4456 (later S sh 16);
designed in 1919; drawing: inventory
no. K.I. 11998/36, MAK – Museum für
angewandte Kunst, Vienna/A

86

87 ▶

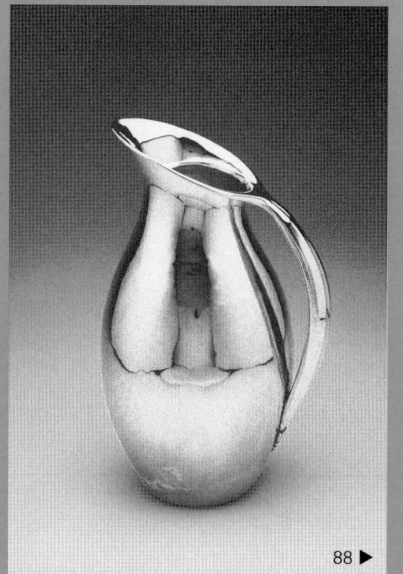

88 ▶

86 Sweatmeat box

Jacob Andries Jacobs (1885–1968),
Amsterdam/NL, 1922 (M 32)
H 13.2 cm
0.934 silver and ivory, 202 g

87 Cigarette-case

▶ See also colour plate XII
Frank Nicoladoni & Co, Vienna/A,
1925 (M 19, importer's mark
George Stockwell, London/GB)
1.2 cm, 8.3 x 5.8
0.925 silver, gold, enamel and plique
à jour enamel, gilt interior, 137 g

88 Jug

▶ See also colour plate XIII
Johan Rohde (1856–1935)
Georg Jensen Sølvsmedie A/S, Copenhagen/DK,
after 1920 (M 24)
H 22.4 cm
0.925 silver, 448 g
R: Model no. 432; designed in 1920; first produced
for the 1925 Paris Exhibition

89 Coffee urn

Christofle & Cie, Paris/F,
ca 1925 (M 8)
H 45.5 cm
0.950 silver and ivory, 1180 g

89

90

91

90 Tea and coffee service
Jean-Elisée Puiforcat (1897–1945)
E Puiforcat, Paris/F, ca 1925
(M 17 and stamped 'JEAN E. PUIFORCAT')
Coffee-pot H 16.5 cm
Hot-milk jug H 16 cm
Teapot H 13 cm
Cream-jug H 7.5 cm,
Sugar-basin H 11 cm
0.950 silver and palisander, 3228 g
R: Jean Puiforcat used an identical service;
see Françoise de Bonneville,
Jean Puiforcat, p. 140

91 Communion service
Carel Josef Anton Begeer (1883–1956)
Zilverfabriek Voorschoten, Voorschoten/NL,
1927 (M 50)
Cruet (crewet) H 30.3 cm
Beaker H 15.1 cm
Collection-box H 18.2 cm
Plate D 27 cm
0.833 silver and rosewood, 2237 g

92 Cocktail set and tray
▶ See also colour plate XIV
Evald Nielsen, Copenhagen/DK, ca 1925
(facsimile signature 'Evald Nielsen')
Cocktail shaker H 26.5 cm
Beakers H 6.8 cm
Tray 40 x 37.5 cm
0.925 silver, ivory and walnut root,
1491 g (without ivory)

93 Box
Weinranck & Schmidt, Hanau/D,
ca 1925 (M 53)
H 14 cm
0.800 silver, 233 g

92 ▶

93

94

94 Caddy-spoon model Agave,
sauce ladle and cheese scoop model 13
Harald Nielsen (1892–1977)
Georg Jensen Sølvsmedie A/S, Copenhagen/DK,
after 1927 (M 22, M 24)
Caddy-spoon L 9.5 cm
Sauce ladle 18 cm
Cheese scoop 21 cm
0.925 silver, 26, 87 and 76 g
R: Caddy-spoon and cheese scoop imported into
Holland in 1933; sauce ladle imported into London
in 1931

95 Jug
Kay Fisker (1893–1965)
A. Michelsen, Copenhagen/DK,
after 1927 (M 44)
H 24 cm
0.925 silver, 647 g

97

**96 Tea service and tray
and a matching biscuit box**
Christa Ehrlich (1903–1995)
Zilverfabriek Voorschoten, Voorschoten/NL,
1928, 1929 and 1931 (M 50, M 57)
Teapot H 9.5 cm, cream-jug H 6 cm,
sugar-basin H 9 cm, tray 51.5 x 36.5 cm,
biscuit box H 11.5 cm, stand D 18.3 cm
0.833 silver and wood, service 702 g,
biscuit box and stand 497 g
R: The handholds of the black lacquer tray
are plastic

97 Fruit stand
Christa Ehrlich (1903–1995)
Zilverfabriek Voorschoten, Voorschoten/NL,
1928 (M 50, M 57)
H 4.6 cm, D 25 cm
0.833 silver, 370 g

98 Ashtray
Bernhard Hoetger (1874–1949)
Zu den sieben Faulen, Bremen/D,
ca 1928 (M 75)
3 x 9 x 9 cm
0.800 silver, 46 g

98

99

99 Vase
Christa Ehrlich (1903–1995)
Zilverfabriek Voorschoten, Voorschoten/NL,
1928 (M 50, M 57)
H 13.7 cm
0.833 silver, 268 g

100 Ashtray
▶ See also colour plate XVI
Maker's mark indistinct, possibly 'J T',
firm of Templier, Paris/F,
ca 1930 (M 67)
1.4 x 11 x 6.2 cm
0.950 silver, gold and enamel, 102 g

101 Plate
Metalworkshop Staatliche Hochschule
für Handwerk und Baukunst, Weimar
ca 1929 (M 73)
D 24.5 cm
0.925 silver, 364 g

100 ▶

101

102

103 ▶

102 3 coffee spoons
Maker's mark unknown, Paris/F,
ca 1930 (M 3)
L 13 cm
0.950 silver, parcel-gilt, 118 g

103 Bowl
▶ See also colour plate XV
Christian Fjerdingstad (1891–1968), L'Isle-
Adam/F,
ca 1930 (M 9 and stamped 'FJERDINGSTAD')
H 8.8 cm, D 23.5 cm
0.950 silver, 1230 g

104 Serving dish
Maison J & P Cardeilhac, Paris/F,
ca 1930 (M 35)
2 x 20 x 20 cm
0.925 silver and rosewood, 505 g

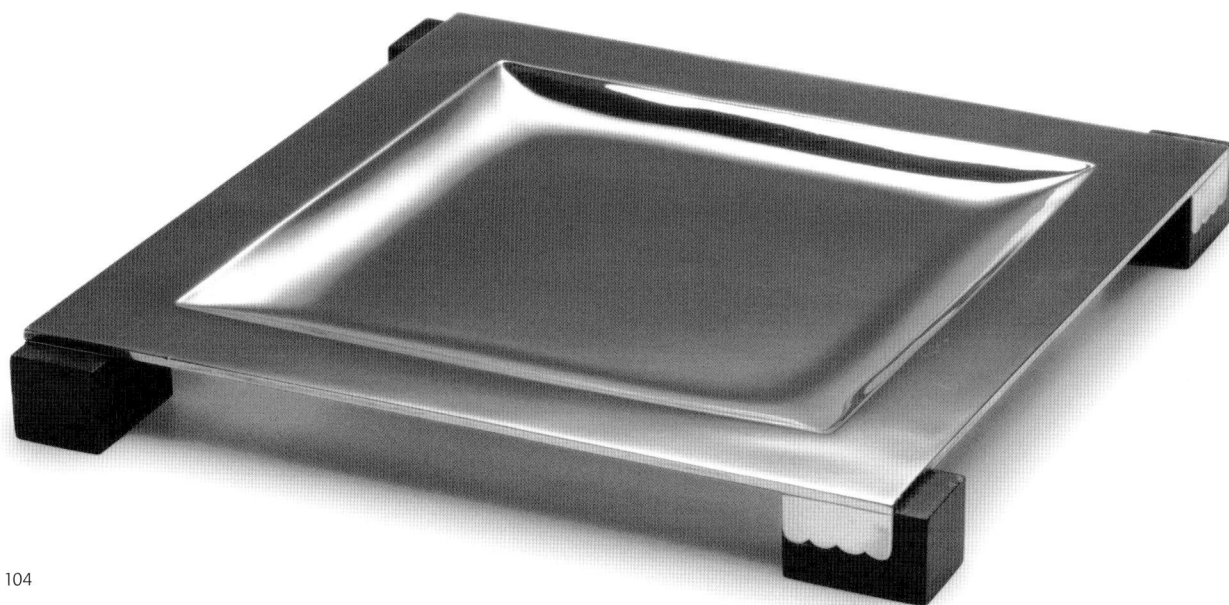

104

105

105 Tureen
Maison Ravinet d' Enfert, Paris/F,
ca 1930 (M 46)
12.5 x 29 x 19 cm
0.950 silver, 1819 g
R: Retailer's mark A. Peter

106 Tea and coffee service
Wolfers Frères, Brussels/B,
ca 1930 (M 71)
Coffee-pot H 17 cm
Teapot H 12 cm
Cream-jug H 8.5 cm
Sugar-basin H 12 cm
0.833 silver and ivory, 2410 g
R: Coffee-pot SF 156 27305, teapot SF 157 27307,
sugar-basin SF 158 27307, cream-jug SF 159 27308

106

107

108

109

107 Cigarette-box
Louis Kuppenheim, Pforzheim/D,
ca 1930 (M 40)
5.8 x 11.5 x 8 cm
0.900 silver, gilt interior, enamel and wood

108 Condiment tray
Wolfers Frères, Brussels/B,
ca 1930 (M 71)
5 x 40 x 20.5 cm
0.800 silver and rosewood

109 Cup and cover
August Haarstick (1882–1964) Bremen/D,
ca 1930 (M 55)
H 22 cm
0.800 silver and agate, 663 g

111

110 Candelabrum
Emmy Roth (1885–1942), Berlin/D,
ca 1930 (facsimile signature 'Emmy Roth')
H 16 cm
0.800 silver, 283 g

111 Oval coffee-pot
Oswald Haerdtl (1899–1959)
J.C. Klinkosch, Vienna/A,
ca 1930 (M 68)
H 19 cm
0.800 silver and ivory, 417 g
R: The pot has German silver marks

112 Oval coffee-pot
Emmy Roth (1885–1942), Berlin/D,
ca 1930 (facsimile signature 'Emmy Roth')
H 28 cm
0.800 silver and bone, 866 g

112

113

113 3 fruit forks
J.C. Klinkosch, Vienna/A, ca 1930 (M 33, M 68)
L 15.3 cm
0.800 silver, 91 g

114 Cruet
Harald Nielsen (1897–1977)
Georg Jensen Sølvsmedie A/S, Copenhagen/DK,
after 1930 (M 26, M 28, M 38)
Pepper and salt casters H 4.3 cm,
mustard pot H 6.5 cm, mustard spoon L 7.8 cm,
stand 17.2 x 14.2 cm
0.925 silver, interior of mustard pot enamelled,
357 g
R: Model no. 632, mustard spoon model pyramide

115 Serving-dish and cover
Harald Nielsen (1892–1977)
Georg Jensen Sølvsmedie A/S, Copenhagen/DK,
1931 (importer's mark George Stockwell,
London/GB)
12.5 x 25.8 x 16.3 cm
0.925 silver and ebony, 610 g
R: Model no. 644, later inscription '27th July 1951'

114

115

116

116 Table-bell
Karl Gustav Hansen (1914)
Hans Hansen Sølvsmedie, Kolding/DK,
1935 (facsimile signature 'Hans Hansen')
H 8 cm
0.925 silver, 142 g
R: Model 85, designed in 1931/32

117 Mocha-pot
Gran & Laglye, Copenhagen/DK,
1935 (M 61)
H 16 cm
0.830 silver and ebonite, 295 g

118 Tea service and tray
Hanna Visund (1881–1974)
J. Tostrup, Oslo/N,
after 1931 (stamped 'J. Tostrup')
Teapot H 10 cm, cream-jug H 5.5 cm,
sugar-bowl H 5.5 cm, tray D 32 cm
0.925 silver, enamel, wood and glass, 538 g

117

118

119

120

119 Beaker
Jean-Elisée Puiforcat (1897–1945)
Maison E. Puiforcat, Paris/F, after 1936,
(M 17 and stamped 'JEAN E. PUIFORCAT')
H 7.2 cm
0.950 silver, 103 g
R: This item was made in six sizes ranging
from 6 to 27 cm; see Françoise de Bonneville,
Jean Puiforcat, p. 171

120 3 sauce-boats
Carl M. Cohr Sølvsmedie A/S, Fredericia/DK,
1935 (M 58)
11.3, 10.5 and 8.6 cm
0.830 silver, bone, ebonite, 462, 318 and 174 g

121 Tray
Delheid Frères, Brussels/B,
1930s (M 12)
58 x 35.2 cm
0.800 silver, mahogany and glass

121

122

123

122 Cruet-stand
Attributed to Svend Weihrauch
Frantz Hingelberg Sølvsmedie, Aarhus/DK,
1937 (assay-office mark London,
stamped 'F.HINGELBERG')
Pepper and salt casters 6 cm
Mustard pot H 8,5 cm
Mustard spoon L 10 cm
Stand H 1.8 cm, D 13.8 cm
0.925 silver, ebonite, glass and steel
R: A similar set is reproduced in The Studio, 1934,
Vol. CVII, no. 4, p. 214, as a design by Vilhelm
Hingelberg

123 Sugar caster
Elkington & Co, Birmingham/GB,
1938 (M 15)
H 9 cm
0.925 silver, 161 g
R: No. 10 37842

124 Table-bell
Hans Peter Jacobsen (1892–?)
Carl M. Cohr Sølvsmedie A/S, Fredericia/DK,
1937 (M 58)
H 21 cm
0.830 silver, 373 g

124

125 Cocktail set
Sigvard Bernadotte (1907)
Georg Jensen Sølvsmedie A/S,
Copenhagen/DK, after 1937 (M 22)
Cocktail shaker H 17.5 cm,
ice-bucket H 20 cm, beakers H 6 cm,
tray D 26.4
0.925 silver, 1920 g
R: Model no. 819

126 Teapot
Magnus Stephensen (1903–1984)
Kaj Bojesen, Copenhagen/DK,
after 1938 (M 38, M 76)
H 16 cm
Silver and wicker, 352 g

126

127 Sugar caster
Valéry Bizouard (1875–1945)
Orfèvrerie Tétard Frères, Paris/F,
1938 (M 49)
H 13.5 cm
0.950 silver, 298 g

128 Bowl
Jean Després (1889–1980), Paris/F, ca 1938
(M 34 and facsimile signature 'J. Després')
H 6 cm, D 11 cm
0.950 silver, 208 g

129 Sauce-boat and stand
Emmy Roth (1885–1942), ca 1938
Sauce-boat H 5.3 cm, stand 18.2 x 13.7 cm
0.835 silver and wicker, 434 g
R: No. 53

127

128

129

MERKEN

MARKS

MARKEN

Kunstenaarsmonogrammen, fabrieks- en meestertekens op voorwerpen in de collectie Alfons Leythe.

Artists' monograms and makers' marks on objects in the Alfons Leythe Collection.

Künstlermonogramme, Hersteller- und Meisterzeichen auf Objekten in der Sammlung Alfons Leythe.

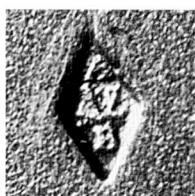

1. Antoine Bricteux, Paris/F

2. A. Debain, Paris/F

3. A H = unknown French artist

4. A. Michelsen Copenhagen/DK

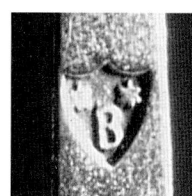

5. C.L.J. Begeer, Utrecht/NL

6. Birmingham Guild of Handicraft, Birmingham/GB

7. C.J. Begeer, Utrecht/NL

8. Christofle & Cie, Paris/F

9. Christian Fjerdingstad, L'Isle Adam/F

10. Guild of Handicraft, London/GB

11. Carl Weishaupt, Munich/D

12. Delheid Frères, Brussels/B

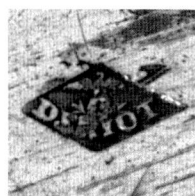

13. Dériot = unknown French artist

14. Ernest Cardeilhac, Paris/F

15. Elkington & Co Ltd, Birmingham/GB

16. Eugène Lefebvre, Paris/F

17. E. Puiforcat, Paris/F

18. Ferdinand Erhart, Paris/F

19. Frank Nicoladoni, Vienna/A

20. Frans Zwollo, The Hague/NL

21. Georg Adam Scheid, Vienna/A

22. Georg Jensen, Copenhagen/DK, 1933–1944

23a. Georg Jensen, Copenhagen/DK, in combination with 23b. 1915–1919

23b. Georg Jensen, Copenhagen/DK, in combination with 23a. 1915–1919

24a. Georg Jensen, Copenhagen/DK, 1925–1932

24b. Georg Jensen, Copenhagen/DK, 1925–1932

25. Gustave Keller Frères, Paris/F

26. Gilbert Marks, London/GB

27. Guild of Handicraft, London/GB

28. Hagener Silberschmiede, Hagen/D

29. Hukin & Heath, Birmingham/GB

30. H. Hébrard, Paris/F

31. Fa. Hoeker & Zn, Amsterdam/NL

32. Jacob Andries Jacobs, Amsterdam/NL

33. J.C. Klinkosch, Vienna/A

34. Jean Després, Paris/F

35. Jacques et Pierre Cardeilhac, Paris/F

36. J.T. Heath & J.H. Middleton, Birmingham/GB

37. J.W. Hukin & J.T. Heath, London/GB

38. Kaj Bojesen, Copenhagen/DK

39. Liberty & Co, Birmingham/GB

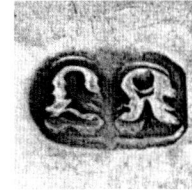

40. Louis Kuppenheim, Pforzheim/D

41. Liberty & Co, London/GB

42. Marius Hammer, Bergen/N

43. A. Michelsen, Copenhagen/DK

44. A. Michelsen, Copenhagen/DK

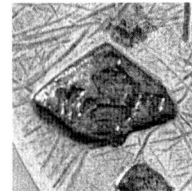

45. M V = unknown French artist

46. Ravinet d'Enfert, Paris/F

47. Omar Ramsden & Alwyn Carr, London/GB

48. Fa. Stoffels & Co, Amsterdam/NL

49. Tétard Frères, Paris/F

50. Zilverfabriek 'Voorschoten', Voorschoten/NL

51. J.M. van Kempen, Voorschoten/NL

52. J.M. van Kempen, Voorschoten/NL

53. Weinranck & Schmidt, Hanau/D

54. Amstelhoek, Amsterdam/NL

55. August Haarstick, Bremen/D

56. Karl Johann Bauer, Munich/D

57. Christa Ehrlich, Voorschoten/NL

58. C.M. Cohr, Fredericia/DK

59. Jan Wigbold Eisenloeffel, Amsterdam/NL

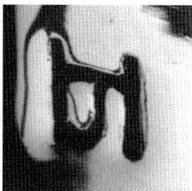

60. Josef Hoffmann, Vienna/A

61. Grann & Laglye, Copenhagen/DK

62. Patriz Huber, Darmstadt/D

63. Koloman Moser, Vienna/A

64. Theodor Fahrner, Pforzheim/D

65. Wiener Werkstätte, Vienna/A

66. Ikoma, Japan

67. ...T, Paris/F (may be Raymond Templier)

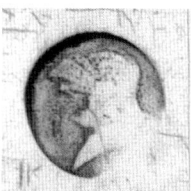

68. J.C. Klinkosch, Vienna/A

69. P. Bruckmann & Söhne, Heilbronn/D

70. Georg Adam Scheid, Vienna/A

71. Wolfers Frères, Brussels/B

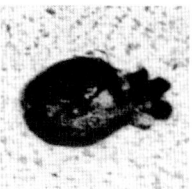

72. Martin Mayer, Mainz/D

73. Hochschule für Handwerk und Baukunst, Weimar/D

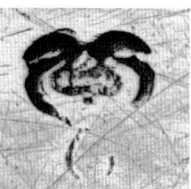

74. Henry van de Velde, Weimar/D

75. Zu den sieben Faulen, Bremen/D

76. Kaj Bojesen, Copenhagen/DK

BIBLIOGRAFIE

Geciteerde literatuur en recente publicaties.

BIBLIOGRAPHY

Cited literature and recent publications.

BIBLIOGRAPHIE

Zitierte Literatur und jüngere Publikationen.

CATALOGI
CATALOGUES
KATALOGE

Amsterdam 1992

Imitatie en Inspiratie. Japanse invloeden op Nederlandse kunst van 1650 tot heden, Rijksmuseum Amsterdam 1992

Amsterdam 1992

Elisabeth Cumming, *Glasgow 1900. Art & Design*, Van Gogh Museum, Amsterdam 1992/1993

Antwerp 1996

Raf Steel/Wim Nys, *Art-Deco Zilver, Antwerpen, Brussel, Gent,* Provinciaal Museum Sterckshof-Zilvercentrum, Antwerp 1996

Antwerp 1997

L. de Ren/A.M. Claessens-Peré/W. Nys, *De Zilvercollectie. The Silver Collection,* Provinciaal Museum Sterckshof-Zilvercentrum, Antwerp 1997

Antwerp 1998

Wim Nys, *Van belle Époque tot Art Nouveau, Belgisch zilver 1868–1914*, Provinciaal Museum Sterckshof-Zilvercentrum, Antwerp 1998

Berlin 1990

Karl H. Bröhan, *Metallkunst*, Bröhan-Museum, Berlin 1990

Berlin 1996

Das andere Bauhaus. Otto Bartning und die Staatliche Bauhochschule Weimar 1926–1930, Berlin, Weimar 1996/1997

Berlin 1997

Ingeborg Becker, *Japonismus. Ostasien in der Kunst des Jugendstils*, Bröhan-Museum, Berlin 1997

Cologne 1992

Helene Blum-Spicker et. al., *Orivit. Zinn des Jugendstils aus Köln*, Kölnisches Stadtmuseum, Cologne, Kreismuseum Zons, Rheinisches Freilichtmuseum Kommern 1992

Darmstadt, 1992

Patriz Huber. Ein Mitglied der Darmstädter Künstlerkolonie, Ateliers im Museum Künstlerkolonie Darmstadt 1992

Ghent 1992

Lieven Daenens, Museum voor Sierkunst, Ghent 1992

Hagen 1992

Klaus-Jürgen Sembach/Birgit Schulte, *Henry van de Velde. Een europees kunstenaar in zijn tijd*, Karl Ernst Osthaus-Museum, Hagen 1992, Kunsthalle am Theaterplatz, Weimar 1992/93, Museum für Gestaltung, Berlin 1993, Museum voor Sierkunst, Ghent 1993, Museum für Gestaltung, Zurich 1993/94, Germanisches Nationalmuseum, Nuremberg 1994

Halle/Karlsruhe 1993

Burg Giebichenstein. Die hallesche Kunstschule von den Anfängen bis zur Gegenwart, Staatliche Galerie Moritzburg Halle, Badisches Landesmuseum Karlsruhe 1993

L'Isle-Adam 1999

Ambre & Argent. Christian Fjerdingstad. Un Orfèvre danois Art Déco, Musée d'Art et d'Histoire Louis Senlecq, L'Isle Adam, Museet på Koldinghus, Kolding, Bornholms Kunstmuseum Helligdommen Rø, Gudhjem 1999

Kolding 1994

Karl Gustav Hansen Sølv/1930–1994 Silber, Museet på Koldinghus, Kolding 1994, Museum für Angewandte Kunst, Cologne 1995

Kolding 1998

Jörg Schwandt, *Svend Weihrauch Sølv – Silber 1928–1956*, Museet på Koldinghus, Kolding, Grassi Museum Leipzig, Museum für Angewandte Kunst, Cologne 1998

Laren 2000

Leven in een verzameling. Toegepaste kunst 1890–1940 uit de collectie Meentwijck, Singer Museum, Laren 2000

Leiden 1999

Dageraad van de Moderne Kunst, Stedelijk Museum de Lakenhal 1999

Lisbon 1992

Philippe & Marcel Wolfers. De l'Art Nouveau à l'Art Déco, Calouste Gulbenkianmuseum, Lisbon, Bellevuemuseum, Brussels 1992

London 1992

Judy Rudoe, *Decorative Arts 1850–1950, A Catalogue of the British Museum Collection*, London 1992

London 1993

20th Century Silver, curated by Helen Clifford, Crafts Council, London 1993

London 1995

Stephen A. Martin, *Archibald Knox 1864–1933*, Hunterian Museum and Art Gallery, 1996, Delaware Art Museum, Delaware 1997

London 1998
Metalmorphosis, British Silver- and Metalwork 1880–1998, Crafts Council, London, Prague 1998

London 2000
Rosemary Ransome Wallis, Treasures of the 20th Century, Goldsmith's Hall, London 2000

London 2000
Paul Greenhalgh, Art Nouveau 1890–1914, Victoria and Albert Museum, London 2000

New York 1996
Vienna 1900–1930. Art in the home, Historical Design Inc., New York 1996/97

New York 1998
Truth Beauty Power. Dr. Christopher Dresser 1834–1904, Historical Design Inc., New York 1998

Rotterdam 1992
Silver of a New Era, International Highlights of Precious Metalware from 1880 to 1940, Museum Boymans-van Beuningen, Rotterdam, Museum voor Sierkunst, Ghent 1992

Rotterdam 1994
Dr J.R. ter Molen, Zilver. Catalogus van voorwerpen van edelmetaal in de collectie van het Museum Boymans-van Beuningen, Rotterdam 1994

Stuttgart 2000
Barbara Grotkamp-Schepers/Reinhard W. Sänger, Bestecke des Jugendstils, Deutsches Klingenmuseum Solingen 2000

The Hague 1998
Wiener Werkstätte. Keuze uit Weense collecties, Museum Paleis Lange Voorhout, The Hague 1998

Tokyo 1990
Van de Velde, The National Museum of Modern Art, Tokyo, Mie Prefectural Art Museum, Tsu, Itami city Museum of Art 1990

Turin 1994
Torino 1902. Le Arti Decorative Internazionali Del Nuovo Secolo, Turin 1994

Utrecht 1997
Louise van den Bergh-Hoogterp/B. Dubbe, Edele en onedele metalen in de verzamelingen van het Centraal Museum, Utrecht 1997

Zurich 1993/94
Philippe und Marcel Wolfers. Art Nouveau und Art Déco aus Brüssel, Museum Bellerive, Zurich 1993/94

PUBLICATIES
BOOKS
BÜCHER

De Bonneville 1986
Françoise de Bonneville, Jean Puiforcat, Paris

Breuer 1910
Robert Breuer, Deutschlands Raumkunst und Kunstgewerbe auf der Weltausstellung in Brüssel 1910, Stuttgart

Bröhan/Berg 1994
Torsten Bröhan/Thomas Berg, Avantgarde design 1880–1930, Cologne

Crawford 1985
Alan Crawford, C.R. Ashbee, New Haven, London

Duncan 1999
Alastair Duncan, The Paris Salons 1895–1914, Vol. 5: objets d'art & metalware, Woodbridge, Suffolk

Ekholm/Huldt/Stavenow
Kurt Ekholm/Åke H. Huldt/Åke Stavenow, Jacob Prytz 12 Jun 1886–1956, Gothenburg

Eliens/Groot/Leidelmeijer 1997
Titus M. Eliens/Marjan Groot/Frans Leidelmeijer, Kustnijverheid in Nederland 1880–1940, Bussum

Fahr-Becker 1995
Gabriele Fahr-Becker, Wiener Werkstätte 1903–1932, Cologne

Halén 1990
Widar Halén, Christopher Dresser, Oxford

Jessen 1915
Peter Jessen, Deutsche Form im Kriegsjahr, Munich

Julian 1974
Philippe Julian, The triumph of Art Nouveau. Paris Exhibition 1900, London

Keblusek 2000
Marika Keblusek, Japansch Magazijn. Japanse kunst en cultuur in 19de-eeuws Den Haag. Haags Historisch Museum, The Hague

Krekel-Aalberse 1989
Art Nouveau and Art Deco Silver, London 1989, New York 1989
Modern Zilver 1880-1940, Amsterdam
Jugendstil und Art Déco Silber, Munich 1989
Argenterie Art Nouveau et Art Déco, Paris 1990

Krekel-Aalberse/Raasen-Kruimel 1996
Annelies Krekel-Aalberse/Emke Raassen-Kruimel, Jan Eisenloeffel 1876–1957, Zwolle

Krekel-Aalberse 2000
Annelies Krekel-Aalberse, Carel J.A. Begeer 1883–1956, Zwolle

Kreuzer 1990
Karl Kreuzer, Gürtelschließen des Jugendstils, Munich

Leipzig 1928
Europäisches Kunstgewerbe. Berichte über die Ausstellung Europäisches Kunstgewerbe 1927. Leipzig

Møller 1967
Sten Møller, H.P. Jacobsen, Copenhagen

Purcell, 1999
Katherine Purcell, Falize. A dynasty of jewellers, London

Sänger 1991
Reinhard W. Sänger, Das Deutsche Silber-Besteck, Biedermeier – Historismus – Jugendstil (1805–1918), Stuttgart

Wanscher 1941
Ole Wanscher, A. Michelsen og dansk Sølvsmediekunst, Copenhagen

REGISTER VAN NAMEN

De cijfers verwijzen naar de Engelse tekst. De cursieve cijfers verwijzen naar de pagina's met afbeeldingen.

INDEX OF NAMES

All page numbers refer to the English text. Italics refer to page illustrations.

NAMENSREGISTER

Alle Seitenangaben beziehen sich auf den englischen Text. Die kursiven Zahlen verweisen auf Seiten mit Abbildungen.

AFKORTINGEN
ABBREVIATIONS
ABKÜRZUNGEN

►	Zie ook kleurenafbeelding	See also colour plate	Siehe auch Farbtafel
cat no.	–	catalogue number	–
cat. nr.	catalogus nummer	–	–
D	diameter	diametre	Durchmesser
H	hootge	height	Höhe
Kat.-Nr.	–	–	Katalog-Nummer
L	lengte	length	Länge
M	meesterteken	maker's mark	Herstellermarke
no.	nummer	number	Nummer
R	opmerking	remark	Bemerkung
sr	senior	senior	Senior
Vol.	deel	volume	Band
W	breedte	width	Breite

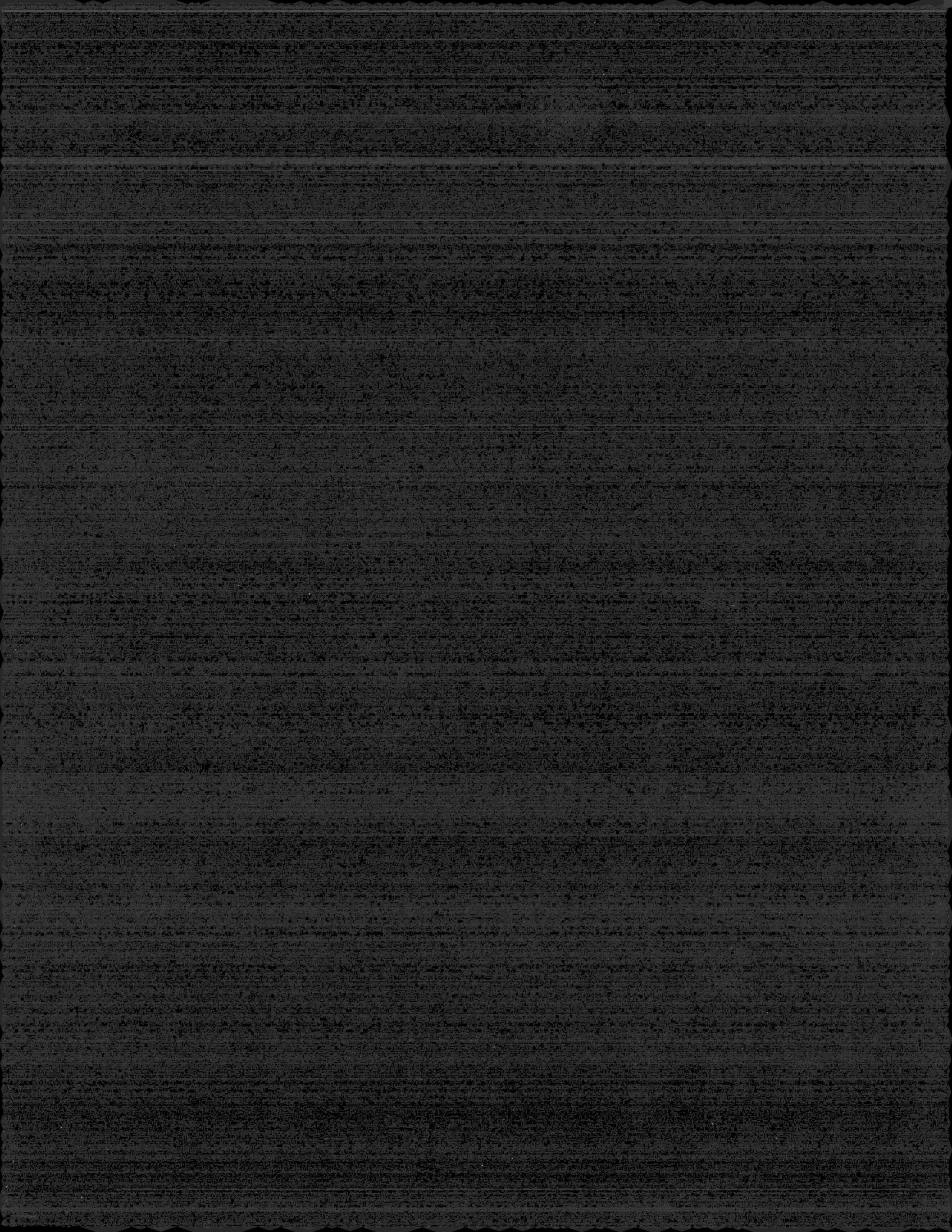